인천교통공사

기출동형 모의고사

제 1 회	영 역	직업기초능력평가 전기이론
	문항수	80문항
	시 간	90분
	비 고	객관식 5지선다형

SEOWONGAK
(주)서원각

제1회 기출동형 모의고사

📝 문항수 : 80문항
⏰ 시 간 : 90분

✏️ 직업기초능력평가

1 다음 대화 중 비즈니스 현장에서의 바람직한 의사소통 자세를 보여주지 못하는 것은?

① "내가 말을 어떻게 하느냐 하는 것도 중요하겠지만, 상대방의 말을 얼마나 잘 경청하느냐 하는 것이 올바른 의사소통을 위해 매우 중요하다고 봅니다."

② "서로를 잘 알고 호흡도 척척 맞는 사이에서는 말하지 않아도 미리 알아서 행동하고 생각하는 자세가 필요해요."

③ "나의 표현방법도 중요하지만, 상대방이 어떻게 받아들이게 될지에 대한 고려가 바탕이 되는 대화여야 하는 거죠."

④ "충분하고 우호적인 대화가 되었어도 사후에 확인하는 과정과 적절한 피드백이 있어야 완전한 의사소통이 되었다고 볼 수 있어요."

⑤ "문서로 하는 의사소통은 때로는 꼭 필요하기도 하지만, 때로는 불필요한 혼란과 곡해를 일으키기도 하는 거 같아요."

2 다음 대화 중 적극적인 경청자의 자세를 보여주는 사례가 아닌 것은?

① "설명을 듣고 있자니 저들의 얘기가 거래 중단을 의미하려는 게 아닌지 추측되는군."

② "교수님 말씀을 귀담아 들으면 될 일이지 뭘 그리 예습을 열심히 하고 있니? 정작 강의 시간엔 한눈을 팔려고 그래?"

③ "질문거리를 좀 많이 만들어 가야겠어. 뭐라고 답을 하는지 잘 들어볼 수 있도록 말이지."

④ "일단 지금까지 나온 얘기를 좀 요약해 보자. 내용을 일단락 시켜두고 다음 얘기를 들어보면 정리가 좀 될 거야"

⑤ "그 사람 강연을 들으면 늘 내가 주인공이 된 듯 느껴진단 말이야. 마치 내 얘기를 하기라도 하는 것처럼 말이지."

3 다음 밑줄 친 어휘의 쓰임이 가장 적절하지 않은 것은?

평균 수명의 증가만으로도 우리의 일하는 패턴이 크게 <u>변화</u>하듯이, 환경의 변화에 의해서도 우리의 일하는 모습은 바뀌게 된다. 일자리에 심대한 변화를 줄 것으로 <u>예측</u>되는 외부 환경 변화로는 4차 산업혁명의 <u>도래</u>, 저성장, 저출산, 고령화 등을 꼽을 수 있다. 4차 산업혁명과 관련해서는 과연 <u>실제</u>하는 현상인가에 대한 회의적인 시각이 많은 것이 사실이다. 하지만 이러한 문제 제기는 국가적 리소스 투입의 우선순위를 결정하는 영역까지만 유의미한 논쟁이라고 생각한다. 변화의 트렌드는 명확하게 존재하며 속도의 차이에 대한 <u>이견</u>만 있을 뿐 우리 생활에 영향을 줄 것은 분명한 사실이기 때문이다.

① 변화
② 예측
③ 도래
④ 실제
⑤ 이견

4 다음 밑줄 친 외래어의 맞춤법이 틀린 것은?

① 외모뿐만이 아니라 치렁치렁한 <u>액세서리</u>가 지나치게 화려했다.

② 아무도 말하지는 않았지만 누가 <u>타깃</u>이 되었는지 알듯했다.

③ 바지는 입어보기도 전에 <u>자크</u>가 고장 난 상태였다.

④ 소녀는 샛노란 <u>블라우스</u>가 예쁘게 어울렸다.

⑤ <u>슈림프</u> 피자가 매장의 가장 인기 상품이다.

5 다음 밑줄 친 문구를 어법에 맞게 수정한 내용으로 적절하지 않은 것은?

> A : 기술의 빠른 변화로 인해 기계가 사람을 대체해 일자리가 사라지기도 하지만, 한 분야에서의 기술 발전은 <u>또 다른 분야의 혁신으로 연결되</u> 새로운 산업과 일자리를 만들 것이다.
> B : 4차 산업혁명이 본격 전개되면서 우리가 알지 못하는 다양한 신기술이 나타나고, 종래에 없던 새로운 산업, 직업과 일자리가 <u>만들게 될 것이다.</u>
> C : 4차 산업혁명은 앞으로 <u>수많은 신산업을 만들었고,</u> 현존하지 않는 다양한 직업군을 창출할 수 있다.
> D : 과거 첫 번째 대량실업으로 농부의 수는 줄었지만, 농업을 기반으로 하는 <u>간접 일자리는</u> 늘어났다.
> E : 이번 회담 결과로 앞으로 우리나라의 대미 수출은 <u>어려움을 겪을 것으로 예상되어집니다.</u>

① A : 기술 발전이 혁신으로 연결되어 새로운 산업과 일자리는 만드는 것이므로 '되'를 '돼'로 고친다.
② B : 일자리는 능동적으로 만드는 것이 아니라 피동으로 '만들어지게 될 것이다.'로 고친다.
③ C : '-었'은 이야기하는 시점에서 사건이나 행위가 이미 일어났음을 나타내는 어미로 미래적인 의미인 '앞으로'와 어울리지 않으므로 '만들어 낼 것이고'로 고친다.
④ D : 조사의 쓰임이 적절하지 않으므로 '간접 일자리도'로 바꾼다.
⑤ E : '되어지다'는 이중피동표현이므로 '예상됩니다.'로 고친다.

6 다음의 밑줄 친 단어의 한자어 표기가 옳지 않은 것은?

> 첫 번째 산업 구조의 변화에 <u>해당</u>하는 1차 산업혁명은 증기기관의 발명과 함께 시작된 산업의 변화를 의미한다. 철도, 방적기 등이 저변 확대되면서 사람과 가축에 의한 작업들이 기계에 의해 <u>대체</u>되면서 발생된 변화를 일컫는다. 2차 산업혁명은 전기의 공급과 컨베이어벨트에 의한 대량 <u>생산</u> 체제로의 변화를 말한다. 전기와 석유화학 기술의 동반 발전으로 인해 에너지 혁명이라고도 부른다. 3차 산업혁명은 컴퓨터와 인터넷 기반의 자동 생산 및 지식정보 혁명을 말한다. 디지털 혁명이라고도 한다. 4차 산업혁명은 디지털 혁명을 <u>기반</u>으로 하되 그 수준을 뛰어 넘어, 사물과 사물간의 정보가 실시간으로 전달, <u>공유</u>됨으로써 기존에는 불가능했던 생산 방식이 가능해지는 것은 물론, 이로 인해 경제, 사회 구조가 변화하고 인간의 의식과 생활양식까지 바뀌게 되는 변화를 의미한다.

① 해당 – 該當
② 대체 – 大體
③ 생산 – 生産
④ 기반 – 基盤
⑤ 공유 – 共有

7 다음 글의 중심 화제로 가장 적절한 것은?

> 마지막으로 전문적 읽기가 있다. 이는 직업이나 학업과 관련하여 전문적으로 글을 읽는 방법을 말하는데, 주제 통합적 독서와 과정에 따른 독서가 여기에 포함된다. 주제 통합적 독서는 어떤 문제를 해결하려고 주제와 관련된 다양한 글을 서로 비교하여 읽고 자신의 관점을 정리하는 것을 말한다. 보고서를 쓰려고 주제와 관련된 여러 자료를 서로 비교하면서 읽는 것을 그 예로 들 수 있다.
> 과정에 따른 독서는 '훑어보기, 질문 만들기, 읽기, 확인하기, 재검토하기' 등과 같은 순서로 읽는 방법을 말한다. 훑어보기 단계에서는 제목이나 목차, 서론, 결론, 삽화 등을 보고 내용을 예측하면서 대략적으로 훑어본다. 질문하기 단계에서는 훑어보기를 바탕으로 궁금하거나 알고 싶은 내용들을 스스로 질문한다. 질문은 육하원칙(누가, 무엇을, 언제, 어디서, 왜, 어떻게)을 활용하고, 메모해 두는 것이 좋다. 읽기 단계에서는 훑어보기와 질문하기 내용을 염두에 두고 실제로 글을 읽어 나간다. 확인하기 단계에서는 앞의 질문하기 단계에서 제기한 질문들에 대한 내용을 확인하거나 메모한다. 재검토하기 단계에서는 지금까지 진행한 모든 단계들을 종합하여 주요 내용들을 재검토하여 정리하고 확인한다.

① 읽기의 계획과 검토 방법
② 독서의 개념과 원리
③ 질문의 원칙과 절차
④ 전문적 읽기 방법
⑤ 메모의 장점

8 다음 글의 내용과 일치하지 않는 것은?

　　세상에 개미가 얼마나 있을까를 연구한 학자가 있습니다. 전 세계의 모든 개미를 일일이 세어 본 절대적 수치는 아니지만 여기저기서 표본 조사를 하고 수조차 곱하고 더하고 빼서 나온 숫자가 10의 16제곱이라고 합니다. 10에 영이 무려 16개가 붙어서 제대로 읽을 수조차 없는 숫자가 되고 맙니다.

　　전 세계 인구가 65억이라고 합니다. 만약 아주 거대한 시소가 있다고 했을 때 한쪽에는 65억의 인간이, 한쪽에는 10의 16제곱이나 되는 개미가 모두 올라탄다고 생각해 보십시오. 개미와 우리 인간은 함께 시소를 즐길 수 있습니다.

　　이처럼 엄청난 존재가 개미입니다. 도대체 어떻게 개미가 이토록 생존에 성공할 수 있었을까요? 그건 바로 개미가 인간처럼 협동할 수 있는 존재라서 그렇습니다. 협동만큼 막강한 힘을 보여 줄 수 있는 것은 없습니다.

　　하나만 예를 들겠습니다. 열대에 가면 수많은 나무들이 조금이라도 더 햇볕을 받으려고 서로 얽히고설켜 빽빽하게 서 있습니다. 이 나무들 중에 개미가 집을 짓고 사는 아카시아 나무가 있는데 자그마치 6천만 년 동안이나 개미와 공생을 해 왔습니다. 아카시아 나무는 개미에게 필요한 집은 물론 탄수화물과 단백질 등 영양분도 골고루 제공하는 대신, 개미는 반경 5미터 내에 있는 다른 식물들을 모두 제거해 줍니다. 대단히 놀라운 일이죠. 이처럼 개미는 많은 동식물과 서로 밀접한 공생 관계를 맺으며 오랜 세월을 살아온 것입니다.

　　진화 생물학은 자연계에 적자생존의 원칙이 존재한다고 말합니다. 하지만 적자생존이란 어떤 형태로든 잘 살 수 있는, 적응을 잘하는 존재가 살아남는다는 것이지 꼭 남을 꺾어야만 한다는 뜻은 아닙니다. 그동안 우리는 자연계의 삶을 경쟁 일변도로만 보아온 것 같습니다. 자연을 연구하는 생태학자들도 십여 년 전까지는 이것이 자연의 법칙인 줄 알았습니다. 그런데 이 세상을 둘러보니 살아남은 존재들은 무조건 전면전을 벌이면서 상대를 꺾는 데만 주력한 생물이 아니라 자기 짝이 있는, 서로 공생하면서 사는 종(種)이라는 사실을 발견한 것입니다.

① 개미는 협동하는 능력을 지니고 있다.
② 아카시아 나무와 개미는 공생 관계에 있다.
③ 자연계에서는 적응을 잘하는 존재가 살아남는다.
④ 적자생존이란 반드시 남을 꺾는 것만을 의미한다.
⑤ 10의 16제곱이라는 개미의 수는 절대적인 수치는 아니다.

┃9~10┃ 다음 글을 읽고 이어지는 물음에 답하시오.

　　키르케의 섬에 표류한 오디세우스의 부하들은 키르케의 마법에 걸려 변신의 형벌을 받았다. 변신의 형벌이란 몸은 돼지로 바뀌었지만 정신은 인간의 것으로 남아 자신이 돼지가 아니라 인간이라는 기억을 유지해야 하는 형벌이다. 그 기억은, 돼지의 몸과 인간의 정신이라는 기묘한 결합의 내부에 견딜 수 없는 비동일성과 분열이 담겨 있기 때문에 고통스럽다. "나는 돼지이지만 돼지가 아니다, 나는 인간이지만 인간이 아니다."라고 말해야만 하는 것이 비동일성의 고통이다.

　　바로 이 대목이 현대 사회의 인간을 '물화(物化)'라는 개념으로 파악하고자 했던 루카치를 전율케 했다. 물화된 현대 사회에서 인간 존재의 모습은 두 가지로 갈린다. 먼저 인간은 상품이 되었으면서도 인간이라는 것을 기억하는, 따라서 현실에서 소외당한 자신을 회복하려는 가혹한 노력을 경주해야 하는 존재이다. 자신이 인간이라는 점을 기억하고 있지 않다면 그에게 구원은 구원이 아닐 것이므로, 인간이라는 본질을 계속 기억하는 일은 그에게 구원의 첫째 조건이 된다. 키르케의 마법으로 변신의 계절을 살고 있지만, 자신이 기억을 계속 유지하면 그 계절은 영원하지 않을 것이라는 희망을 가질 수 있다. 그는 소외 없는 저편의 세계, 구원과 해방의 순간을 기다린다.

　　반면 망각의 전략을 선택하는 자는 자신이 인간이었다는 기억 자체를 포기하는 인간이다. 그는 구원을 위해 기억에 매달리지 않는다. 그는 그에게 발생한 변화를 받아들이고 그것을 새로운 현실로 인정하며 그 현실에 맞는 새로운 언어를 얻기 위해 망각의 정치학을 개발한다. 망각의 정치학에서는 인간이 고유의 본질을 갖고 있다고 믿는 것 자체가 현실적인 변화를 포기하는 것이 된다. 일단 키르케의 돼지가 된 자는 인간 본질을 붙들고 있는 한 새로운 변화를 꾀할 수 없다.

　　키르케의 돼지는 자신이 인간이었다는 기억을 망각하고 포기할 때 새로운 존재로 탄생할 수 있겠지만, 바로 그 때문에 그는 소외된 현실이 가져다주는 비참함으로부터 눈을 돌리게 된다. '대중소비를 신성화하는 대신 왜곡된 현실에는 관심을 두지 않는다'고 비판받았던 1960년대 팝아트 예술은 망각의 전략을 구사하는 키르케의 돼지들이다.

9 다음 중 글의 내용에 따라 합리적인 의견제기를 했다고 볼 수 없는 사람은?

① 유진 : 변신의 형벌은 비동일성의 고통을 견뎌야 하는 형벌이라 끔찍한 거야.
② 애신 : 자신의 존재를 기억하고 있는 것은 고통의 기원이 되지만 구원의 조건이기도 해.
③ 희성 : 현실을 받아들이는 것도 하나의 전략이라고 할 수 있어. 나라면 그게 편할 것 같아.
④ 차현 : 그래 맞아. 새로운 현실을 인정하고 변화를 받아들이다 보면 곧 구원의 기회가 올 거야. 그 때를 놓쳐선 안 돼.
⑤ 한결 : 자신의 존재를 잊고 새로운 존재로 탄생한다고 해도 그것이 본질적으로 문제를 해결한 것이라고 볼 순 없어.

10 윗글에서 필자가 주장하는 내용과 견해가 일치하는 것은?

① 현대 사회는 물화되었고 그 속에 살아가는 인간은 현실에서 소외당했다는 사실에 절망한다.

② 인간의 본질을 기억할 수 있는 것 자체가 계층의 특권이다.

③ 인간은 자신의 본성에 따라 구원과 해방을 추구할 수밖에 없다.

④ 망각의 전략은 인간을 피폐하게 하며 망각에 들어서면 인간은 구원을 희망한다.

⑤ 1960년대 팝아트 예술은 대중소비를 신성화하는 대신 현실의 문제를 외면하게 만들었다.

11 다음은 도표의 작성절차에 대한 설명이다. 밑줄 친 ㉠~㉤ 중 올바르지 않은 설명을 모두 고른 것은?

1) 어떠한 도표로 작성할 것인지를 결정

업무수행 과정에서 도표를 작성할 때에는 우선 주어진 자료를 면밀히 검토하여 어떠한 도표를 활용하여 작성할 것인지를 결정한다. 도표는 목적이나 상황에 따라 올바르게 활용할 때 실효를 거둘 수 있으므로 우선적으로 어떠한 도표를 활용할 것인지를 결정해야 한다.

2) 가로축과 세로축에 나타낼 것을 결정

주어진 자료를 활용하여 가로축과 세로축에 무엇을 나타낼 것인지를 결정하여야 한다. 일반적으로 ㉠가로축에는 수량(금액, 매출액 등), 세로축에는 명칭구분(연, 월, 장소 등)을 나타내며 ㉡축의 모양은 T 자형이 일반적이다.

3) 가로축과 세로축의 눈금의 크기를 결정

주어진 자료를 가장 잘 표현할 수 있도록 가로축과 세로축의 눈금의 크기를 결정하여야 한다. 한 눈금의 크기가 너무 크거나 작으면 자료의 변화를 잘 표현할 수 없으므로 자료를 가장 잘 표현할 수 있도록 한 눈금의 크기를 정하는 것이 바람직하다.

4) 자료를 가로축과 세로축이 만나는 곳에 표시

자료 각각을 결정된 축에 표시한다. 이때 ㉢가로축과 세로축의 교차하는 곳에 정확히 표시하여야 정확한 그래프를 작성할 수 있으므로 주의하여야 한다.

5) 표시된 점에 따라 도표 작성

표시된 점들을 활용하여 실제로 도표를 작성한다. ㉣선 그래프라면 표시된 점들을 선분으로 이어 도표를 작성하며, ㉤막대그래프라면 표시된 점들을 활용하여 막대를 그려 도표를 작성하게 된다.

6) 도표의 제목 및 단위 표시

도표를 작성한 후에는 도표의 상단 혹은 하단에 제목과 함께 단위를 표기한다.

① ㉠, ㉡

② ㉠, ㉢

③ ㉠, ㉡, ㉢

④ ㉠, ㉢, ㉣

⑤ ㉢, ㉣, ㉤

12 다음 중 그래프로 자료를 작성할 때의 주의사항으로 올바른 설명을 〈보기〉에서 모두 고른 것은?

〈보기〉
㉮ 해당 자료의 가로, 세로축을 나타내는 수치의 의미를 범례로 제시한다.
㉯ 사용된 수치 중 가장 중요하게 나타내고자 하는 자료의 단위만을 제시한다.
㉰ 축의 단위는 해당 수치의 범위가 모두 포함될 수 있도록 제시한다.
㉱ 무엇을 의미하는 그래프인지를 알 수 있도록 제목을 반드시 제시한다.

① ㉯, ㉰, ㉱

② ㉮, ㉰, ㉱

③ ㉮, ㉯, ㉱

④ ㉮, ㉯, ㉰

⑤ ㉮, ㉯, ㉰, ㉱

13 다음 나열된 숫자의 규칙을 찾아 빈칸에 들어가기 적절한 수를 고르면?

93	96	102	104	108	( )

① 114

② 116

③ 118

④ 120

⑤ 122

14 정후는 집에서 야구장까지 갈 때는 시속 80km, 같은 길로 집으로 돌아올 때는 시속 60km로 달렸더니 올 때는 갈 때보다 시간이 30분 더 걸렸다. 이때 두 지점 A, B 사이의 거리를 구하시오.

① 110km

② 120km

③ 130km

④ 140km

⑤ 150km

15 10%의 소금물 400g과 16%의 소금물을 섞어 14%의 소금물을 만들었다. 이때 16%의 소금물의 양은?

① 600g

② 650g

③ 700g

④ 750g

⑤ 800g

16 주머니 안에 1, 2, 3, 4의 숫자가 하나씩 적혀 있는 4장의 카드가 있다. 주머니에서 갑이 2장의 카드를 임의로 뽑고 을이 남은 2장의 카드 중에서 1장의 카드를 임의로 뽑을 때, 갑이 뽑은 2장의 카드에 적힌 수의 곱이 을이 뽑은 카드에 적힌 수보다 작을 확률은?

① $\dfrac{1}{2}$

② $\dfrac{1}{4}$

③ $\dfrac{1}{5}$

④ $\dfrac{1}{6}$

⑤ $\dfrac{1}{8}$

17 다음은 B교통공사의 경영 현황에 대한 자료이다. 이에 대한 설명으로 옳지 않은 것은? (단, 계산 값은 소수 둘째 자리에서 반올림한다.)

〈B교통공사 경영 현황〉

(단위 : 억 원)

	2013	2014	2015	2016	2017
경영성적 (당기순이익)	−44,672	−4,754	5,776	−2,044	−8,623
총수익	47,506	51,196	61,470	55,587	52,852
영업수익	45,528	48,076	52,207	53,651	50,572
기타수익	1,978	3,120	9,263	1,936	2,280
총비용	92,178	55,950	55,694	57,631	61,475
영업비용	47,460	47,042	51,063	52,112	55,855
기타비용	44,718	8,908	4,631	5,519	5,620

① 총수익이 가장 높은 해에 당기순수익도 가장 높다.

② 영업수익이 가장 낮은 해에 영업비용이 가장 높다.

③ 총수익 대비 영업수익이 가장 높은 해에 기타 수익이 2,000억 원을 넘지 않는다.

④ 기타수익이 가장 낮은 해와 총수익이 가장 낮은 해는 다르다.

⑤ 2015년부터 총비용 대비 영업비용의 비중이 90%를 넘는다.

18 다음 자료에 대한 설명으로 적절하지 않은 것은?

〈연도별 고속국도 차량이용현황〉

(단위 : 천 대)

구분	2014	2015	2016	2017	2018
승용차	1,344,436	1,413,902	1,482,703	1,528,827	1,548,012
중형차	52,782	52,001	50,845	49,250	47,711
화물차	149,226	157,052	166,738	172,578	176,237
합계	1,546,444	1,622,955	1,700,286	1,750,655	1,771,960

〈2018년 자동차등록대수 현황〉

(단위 : 대)

구분	관용	자가용	영업용	계
승용차	32,819	17,663,188	980,917	18,676,924
중형차	22,540	696,898	124,356	843,794
화물차	31,957	3,152,275	406,707	3,590,939
기타	2,784	27,212	60,902	90,898
계	90,100	21,539,573	1,572,882	23,202,555

① 고속국도 이용차량이 지속적으로 증가하고 있다.

② 2017년 중형차의 고속국도 차량이용현황은 전년대비 3% 이상 감소했다.

③ 2015년 이후 중형차 대비 화물차의 고속국도 이용현황은 항상 3배 이상이다.

④ 2014년 고속국도 이용차량 중 승용차의 비중은 85%를 넘지 않는다.

⑤ 연도별로 비교했을 때 중형차의 이용현황이 가장 작은 때에 승용차와 화물차의 이용현황은 가장 크다.

▌19~20 ▌ 다음 자료를 보고 이어지는 물음에 답하시오.

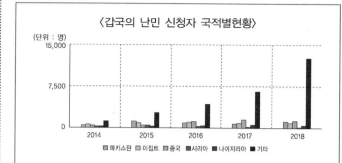

〈갑국의 난민 신청자 국적별현황〉

〈성별 난민 신청자 현황〉

(단위 : 명)

	2014	2015	2016	2017	2018
합계	2,896	5,711	7,542	9,942	16,173
남자	2,403	4,814	b	7,825	12,126
여자	a	897	1,395	2,117	4,047

19 다음 중 위의 자료에 대한 올바른 설명을 〈보기〉에서 모두 고른 것은?

〈보기〉

㉠ 2018년 총 난민신청은 16,173건으로 2017년 대비 약 63% 증가하였다.

㉡ 여자 난민 신청자는 매년 증가하고 있다.

㉢ 기타 국가에는 미얀마, 방글라데시, 에티오피아 등이 있다.

㉣ 기타 국가를 제외하면 2016년부터 2018년까지 중국 난민 신청자가 가장 많다.

① ㉠㉡　　　　　② ㉠㉢

③ ㉠㉡㉢　　　　④ ㉠㉢㉣

⑤ ㉠㉡㉣

20 빈칸 a와 b에 들어갈 수치를 구하고 $\dfrac{b}{a}$의 값을 구하시오.
(단, 계산은 소수점 둘째 자리에서 반올림한다.)

① 12.5　　　　　② 12.8

③ 13.1　　　　　④ 13.6

⑤ 14.1

21 다음 중 업무상 일어나는 문제를 해결할 때 필요한 '분석적 사고'에 대한 설명으로 올바른 것은?

① 사실 지향의 문제는 기대하는 결과를 명시하고 효과적으로 달성하는 방법을 사전에 구상하고 실행에 옮겨야 한다.

② 가설 지향의 문제는 일상 업무에서 일어나는 상식, 편견을 타파하여 객관적 사실로부터 사고와 행동을 하도록 한다.

③ 전체를 각각의 요소로 나누어 그 요소의 의미를 도출한 다음 우선순위를 부여하고 구체적인 문제해결방법을 실행하는 것이다.

④ 성과 지향의 문제는 현상 및 원인분석 전에 지식과 경험을 바탕으로 일의 과정이나 결과, 결론을 가정한 다음 검증 후 사실일 경우 다음 단계의 일을 수행한다.

⑤ 당면하고 있는 문제와 그 해결방법에만 집착하지 말고, 그 문제와 해결방안이 상위 시스템 또는 다른 문제와 어떻게 연결되어 있는지를 생각하는 것이 필요하다.

22 다음 (가)~(마)의 5가지 문제 유형 중 같은 유형으로 분류할 수 있는 세 가지를 제외한 나머지 두 가지는 어느 것인가?

> (가) 정 대리는 소홀한 준비로 인해 중요한 계약 기회를 놓치게 되었다.
> (나) A사는 숙련공의 퇴사율이 높아 제품의 불량률이 눈에 띄게 높아졌다.
> (다) 지난 주 태풍으로 인해 B사의 창고 시설 대부분이 심각하게 파손되었다.
> (라) 영업팀 직원들에게 올해에 주어진 매출 목표를 반드시 달성하도록 하는 임무가 주어졌다.
> (마) 오늘 아침 출근 버스가 사고가 나서 많은 직원들이 점심시간이 다 되어 출근하였다.

① (나), (라)
② (다), (마)
③ (가), (다)
④ (라), (마)
⑤ (나), (다)

23 미국의 알렉스 오즈번이 고안한 그룹발산기법으로, 창의적인 사고를 위한 발산방법 중 가장 흔히 사용되는 방법으로 집단의 효과를 살려서 아이디어의 연쇄반응을 일으켜 자유분방한 아이디어를 내고자 하는 대표적인 기법은?

① 체크리스트법
② 마인드 맵
③ 브레인스토밍
④ So what기법
⑤ Zero base 사고법

24 다음 중 문제를 해결하는 데 장애요인이 아닌 것은?

> ㉠ 고정관념에 얽매이는 경우
> ㉡ 발상의 전환을 하는 경우
> ㉢ 문제를 철저하게 분석하지 않는 경우
> ㉣ 쉽게 떠오르는 단순한 정보에 의지하는 경우
> ㉤ 너무 많은 정보를 수집하려고 노력하는 경우

① ㉠
② ㉡
③ ㉢
④ ㉣
⑤ ㉤

25 다음 명제가 모두 참이라고 할 때, 꼬리가 없는 포유동물 A에 관한 설명 중 반드시 참인 것은?

> • 모든 포유동물은 물과 육지 중 한 곳에서만 산다.
> • 물에 살면서 육식을 하지 않는 포유동물은 다리가 없다.
> • 육지에 살면서 육식을 하는 포유동물은 모두 다리가 있다.
> • 육지에 살면서 육식을 하지 않는 포유동물은 모두 털이 없다.
> • 육식동물은 모두 꼬리가 있다.

① A는 털이 있다.
② A는 다리가 없다.
③ 만약 A가 물에 산다면, A는 다리가 있다.
④ 만약 A가 털이 있다면, A는 다리가 없다.
⑤ 만약 A가 육지에 산다면, A는 다리가 있다.

26 다음에 제시된 문장이 거짓이라고 가정할 때, ㉠과 ㉡의 진위를 판별한 것으로 옳은 것은?

> A국의 어느 경찰도 영웅이 아니다.

> ㉠ 모든 영웅은 A국의 경찰이다.
> ㉡ 어떠한 영웅도 A국의 경찰이 아니다.

① ㉠ – 참, ㉡ – 거짓
② ㉠ – 참, ㉡ – 알 수 없음
③ ㉠ – 알 수 없음, ㉡ – 거짓
④ ㉠ – 알 수 없음, ㉡ – 참
⑤ ㉠ – 거짓, ㉡ – 참

27 다음은 12월 아이스크림 가게의 판매 순위에 대한 설명이다. 다음 중 3번째로 인기 있는 메뉴는 무엇인가? (단, 아이스크림의 종류는 제시된 5가지뿐이다.)

○ 토피넛봉봉은 겨울 시즌에 항상 상위권을 차지하는 메뉴다.
○ 마카다미아라떼는 민트초코퐁당보다 상위에 있다.
○ 바닐라파우더는 민트초코퐁당의 바로 아래 순위를 차지했다.
○ 오로라퍼퓸은 항상 판매순위 1위이다.

---

① 토피넛봉봉
② 마카다미아라떼
③ 민트초코퐁당
④ 바닐라파우더
⑤ 오로라퍼퓸

28 최근 반일 감정 등으로 인하여 일본 여행상품 시장이 손해를 면치 못한 것으로 나타남에 따라 甲여행사에 근무하는 A대리는 새로운 여행상품 개발에 앞서 여행상품 시장에 대한 환경 분석과 관련된 보고서를 제출하라는 업무를 받았다. 다음은 A대리가 작성한 여행상품 시장에 대한 甲여행사의 SWOT분석이다. 기회 요인에 작성한 내용 중 잘못된 것은?

강점	약점
• 대기업 계열사로서의 이점 • 오랜 영업 기간에서 얻은 빅데이터 • 풍부한 해외 현지 인력 • 전국 오프라인 지점 수의 우위	• 과도한 여행상품 개발 • 여행상품의 짧은 수명 • 경쟁사의 공격적인 마케팅 대응 부족 • 일본 여행상품의 높은 비중
기회	위협
① 정부의 근로자 휴가지원 사업 확대 ② 주5일제, 대체공휴일 등으로 길어진 연휴 ③ 항공사 간 경쟁적 가격할인 ④ 타 대기업의 여행업 등록 ⑤ K-POP 열풍으로 외국인 관광객 증가	• 사회적으로 지속되는 반일 감정 • 취업난으로 인한 젊은 층의 소득 감소 • CEO의 부정적인 이미지 이슈화 • 최근 항공기 결함·고장 등으로 불안 증대

|29~30| 푸르미펜션을 운영하고 있는 K씨는 P씨에게 예약 문의전화를 받았다. 아래의 예약일정과 정보를 보고 K씨가 P씨에게 안내할 사항으로 옳은 것을 고르시오.

〈푸르미펜션 1월 예약 일정〉

일	월	화	수	목	금	토
					1	2
					• 매 가능 • 난 가능 • 국 완료 • 죽 가능	• 매 가능 • 난 완료 • 국 완료 • 죽 가능
3	4	5	6	7	8	9
• 매 완료 • 난 가능 • 국 완료 • 죽 가능	• 매 가능 • 난 가능 • 국 가능 • 죽 가능	• 매 가능 • 난 가능 • 국 가능 • 죽 가능	• 매 가능 • 난 가능 • 국 가능 • 죽 가능	• 매 가능 • 난 가능 • 국 가능 • 죽 가능	• 매 완료 • 난 가능 • 국 완료 • 죽 완료	• 매 완료 • 난 가능 • 국 완료 • 죽 완료
10	11	12	13	14	15	16
• 매 가능 • 난 완료 • 국 완료 • 죽 가능	• 매 가능 • 난 완료 • 국 가능 • 죽 가능	• 매 가능 • 난 가능 • 국 완료 • 죽 가능	• 매 가능 • 난 가능 • 국 가능 • 죽 가능	• 매 가능 • 난 가능 • 국 가능 • 죽 가능	• 매 가능 • 난 완료 • 국 완료 • 죽 가능	• 매 가능 • 난 완료 • 국 완료 • 죽 가능

※ 완료 : 예약완료, 가능 : 예약가능

〈푸르미펜션 이용요금〉

(단위 : 만 원)

객실명	인원		이용요금			
			비수기		성수기	
	기준	최대	주중	주말	주중	주말
매	12	18	23	28	28	32
난	12	18	25	30	30	35
국	15	20	26	32	32	37
죽	30	35	30	34	34	40

※ 주말 : 금 – 토, 토 – 일, 공휴일 전날 – 당일
  성수기 : 7~8월, 12~1월
※ 기준인원초과 시 1인당 추가 금액 : 10,000원

29 ㉠에 들어갈 K씨의 말로 가장 알맞은 것은?

> K씨 : 감사합니다. 푸르미펜션입니다.
>
> P씨 : 안녕하세요. 회사 워크숍 때문에 예약문의를 좀 하려고 하는데요. 1월 8~9일이나 15~16일에 "국"실에 예약이 가능할까요? 웬만하면 8~9일로 예약하고 싶은데….
>
> K씨 : 인원이 몇 명이시죠?
>
> P씨 : 일단 15명 정도이고요, 추가적으로 3명 정도 더 올 수도 있습니다.
>
> K씨 : _____㉠_____
>
> P씨 : 기준 인원이 12명으로 되어있던데 너무 좁지는 않겠습니까?
>
> K씨 : 두 방 모두 "국"실보다 방 하나가 적긴 하지만 총 면적은 비슷합니다. 하지만 화장실 등의 이용이 조금 불편하실 수는 있겠군요. 흠…. 8~9일로 예약하시면 비수기 가격으로 해드리겠습니다.
>
> P씨 : 아, 그렇군요. 그럼 8~9일로 예약 하겠습니다. 그럼 가격은 어떻게 되나요?
>
> K씨 : _____㉡_____ 인원이 더 늘어나게 되시면 1인 당 10,000원씩 추가로 결재하시면 됩니다. 일단 10만 원만 홈페이지의 계좌로 입금하셔서 예약 완료하시고 차액은 당일에 오셔서 카드나 현금으로 계산하시면 됩니다.

① 죄송합니다만 1월 8~9일, 15~16일 모두 예약이 모두 차서 이용 가능한 방이 없습니다.

② 1월 8~9일이나 15~16일에는 "국"실 예약이 모두 차서 예약이 어렵습니다. 15명이시면 1월 8~9일에는 "난"실, 15~16일에는 "매"실에 예약이 가능하신데 어떻게 하시겠습니까?

③ 1월 8~9일에는 "국"실 예약 가능하시고 15~16일에는 예약이 완료되었습니다. 15명이시면 15~16일에는 "매"실에 예약이 가능하신데 어떻게 하시겠습니까?

④ 1월 8~9일에는 "국"실 예약이 완료되었고 15~16일에는 예약 가능하십니다. 15명이시면 8~9일에는 "난"실에 예약이 가능하신데 어떻게 하시겠습니까?

⑤ 1월 8~9일에만 "국"실 예약이 가능합니다. 예약하시겠습니까?

30 ㉡에 들어갈 K씨의 말로 가장 알맞은 것은?

① 그럼 1월 8~9일로 "난"실 예약 도와드리겠습니다. 15인일 경우 기본 30만 원에 추가 3인 하셔서 총 33만 원입니다.

② 그럼 1월 8~9일로 "난"실 예약 도와드리겠습니다. 15인일 경우 기본 35만 원에 추가 3인 하셔서 총 38만 원입니다.

③ 그럼 1월 8~9일로 "매"실 예약 도와드리겠습니다. 15인일 경우 기본 28만 원에 추가 3인 하셔서 총 31만 원입니다.

④ 그럼 1월 8~9일로 "매"실 예약 도와드리겠습니다. 15인일 경우 기본 32만 원에 추가 3인 하셔서 총 35만 원입니다.

⑤ 총 15인이므로 총 32만 원입니다.

31 기술융합이란 4대 핵심기술인 나노기술(NT), 생명공학기술(BT), 정보기술(IT), 인지과학(Cognitive Science)이 상호 의존적으로 결합되는 것을 의미한다. 이러한 4대 핵심기술의 융합이 자동차에 이용된 사례가 아닌 것은?

① 증강현실을 이용한 차량 정보 통합 기술

② 운행 시의 사고요소 감지 기술

③ 자동 속도 제어 기술

④ 무인자동차 기술

⑤ 친환경 하이브리드 자동차 기술

32 급속히 발전하고 있는 기술변화의 모습에 적응하고자 많은 사람들이 기술 습득의 다양한 방법을 선택하고 있다. 다음 중 'OJT를 통한 기술교육'에 대한 올바른 설명을 〈보기〉에서 모두 고른 것은?

> 〈보기〉
>
> ㉮ 학문적이면서도 최신 기술의 흐름을 반영하며 관련 산업체와의 프로젝트 활동이 가능해 실무 중심의 기술교육이 가능하다.
>
> ㉯ 피교육자인 종업원이 업무수행의 중단되는 일이 없이 업무수행에 필요한 지식·기술·능력·태도를 교육훈련 받을 수 있다.
>
> ㉰ 원하는 시간과 장소에 교육받을 수 있어 시간, 공간적 측면에서 독립적이다.
>
> ㉱ 다년간에 걸친 연수 분야의 노하우에 의한 체계적이고 현장과 밀착된 교육이 가능하다.
>
> ㉲ 시간의 낭비가 적고 조직의 필요에 합치되는 교육훈련을 할 수 있다.

① ㉮, ㉱

② ㉮, ㉲

③ ㉯, ㉲

④ ㉯, ㉰, ㉱

⑤ ㉰, ㉱, ㉲

33 다음의 사례를 참고할 때, '모방'과 '벤치마킹'의 가장 핵심적인 차이점이라고 볼 수 있는 것은?

> 길동이는 독특한 이름과 디자인으로 인기를 얻어 전국에 수십 개의 카페 가맹점을 냈다. 그러나 그 과정에서 평소 신뢰하던 직원들이 퇴사하여 비슷한 콘셉트로 가맹 본사를 창업하여 경쟁자가 되는 일도 겪었고, 경쟁 브랜드에서 디자인을 베껴 사용하는 일도 많았다. 그러나 그렇게 창업한 직원들은 얼마 가지 않아 카페 문을 닫게 되었고, 그들이 내세운 브랜드는 대중에게 각인되기도 전에 사라지게 되었다.

① 원형 제공자의 가치와 철학까지도 함께 모방하는 것이 벤치마킹이다.
② 자신에게 가장 잘 맞는 방식으로 재구성, 재창조하는 작업을 필요로 하는 것이 벤치마킹이다.
③ 방법만을 똑같이 하는 데에 그치지 말고 주체가 되는 사람까지 개선되느냐 여부가 중요하다.
④ 벤치마킹은 언제나 창조를 그 바탕으로 하여 부수적인 것들의 모방에 국한되어야 한다.
⑤ 성공확률이 가장 높은 모방만이 벤치마킹으로 승화될 수 있다.

34 Y그룹 기술연구소에 근무하는 정호는 연구 역량 강화를 위한 업계 워크숍에 참석해 기술 능력이 뛰어난 사람의 특징에 대해 기조발표를 하려고 한다. 다음 중 정호가 발표에 포함시킬 내용으로 옳지 않은 것은?

① 기술의 체계와 같은 무형의 기술에 대한 능력과는 무관하다.
② 주어진 한계 속에서 제한된 자원을 가지고 일한다.
③ 기술적 해결에 대한 효용성을 평가한다.
④ 실질적 해결을 필요로 하는 문제를 인식한다.
⑤ 인식된 문제를 위한 다양한 해결책을 개발하고 평가한다.

35 개발팀의 팀장 B씨는 요즘 신입사원 D씨 때문에 고민이 많다. 입사 시에 높은 성적으로 입사한 D씨가 실제 업무를 담당하자마자 이곳저곳에서 불평이 들려오기 시작했다. 머리는 좋지만 실무경험이 없고 인간관계가 미숙하여 여러 가지 문제가 생겼던 것이다. 업무에 대한 기본적이고 일반적인 내용만을 교육하는 신입사원 집합교육은 부족하다 판단한 B씨는 D씨에게 추가적으로 기술교육을 시키기로 결심했다. 하지만 현재 개발팀은 고양이 손이라도 빌려야 할 정도로 바빠서 B씨는 고민 끝에 업무숙달도가 뛰어나고 사교성이 좋은 입사 5년차 대리 J씨에게 D씨의 교육을 일임하였다. 다음 중 J씨가 D씨를 교육하기 위해 선택할 방법으로 가장 적절한 것은?

① 전문 연수원을 통한 기술교육
② E-learning을 활용한 기술교육
③ 상급학교 진학을 통한 기술교육
④ OJT를 활용한 기술교육
⑤ 새로운 활동과 업무를 통한 기술교육

36 위의 상태에서 스위치를 두 번 눌렀더니 아래와 같은 상태로 바뀌었다. 제시된 표를 참고할 때, 어떤 스위치를 눌렀는가?

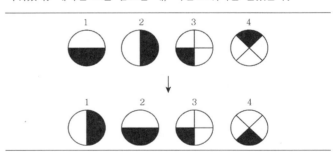

스위치	기능
▲	1번과 3번을 수직으로 반전
△	2번과 4번을 수직으로 반전
▼	1번과 4번을 수평으로 반전
▽	2번과 3번을 수평으로 반전
◉	1번과 2번을 시계방향으로 90°회전
✖	3번과 4번을 시계방향으로 90°회전
◎	1번과 4번을 반시계방향으로 90°회전
⊗	2번과 3번을 반시계방향으로 90°회전

① △, ◎
② ▼, ◉
③ ▲, ✖
④ △, ◉
⑤ ⊗, ▽

Bling 사용 설명서

비행모드	
포지셔닝 모드 (P모드)	• 포지셔닝 모드는 GPS 신호가 강할 때 가장 잘 작동합니다. 기체는 GPS와 비전 시스템을 활용하여 스스로 위치를 찾고 자동으로 안정화하며 장애물 사이를 이동합니다. 이 모드에서는 QuickShot, TapFly 및 ActiveTrack과 같은 인텔리전트 플라이트 모드가 활성화됩니다. • 전방 장애물 감지 기능을 활성화하고 조명 조건이 충분한 경우 최대 비행 고도 각도는 최대 비행속도 10.8km/h(6.7mph)에서 15°입니다. 전방 장애물 감지 기능이 비활성화되면 최대 비행 고도 각도는 15°이고 최대 비행속도는 21.6km/h(13.4.mph)가 됩니다. • GPS 신호가 너무 약하고 비전 시스템을 위한 조명 조건이 너무 어두운 경우 기체가 자동으로 ATTI모드로 전환되며, 이 모드에서는 장애물을 자동으로 피할 수 없고 자체 기압계만을 사용하여 고도를 제어합니다. ATTI모드에서는 인텔리전트 플라이트 모드를 사용할 수 없습니다. ※ 포지셔닝 모드에서 속도를 높이려면 스틱을 더 크게 움직여야 합니다.

주의
• 스포츠 모드에서는 3D 감지 시스템이 비활성화되므로 기체가 경로에 있는 장애물을 자동으로 피하지 못합니다.
• 스포츠 모드에서는 기체의 최대 속도와 제동 거리가 큰 폭으로 증가합니다. 바람이 불지 않는 조건에서 최소 30미터의 제동거리가 필요합니다.
• 스포츠 모드에서는 하강 속도가 큰 폭으로 증가합니다.
• 스포츠 모드에서는 기체의 반응성이 크게 향상되어 조종기에서 스틱을 조금만 움직여도 기체는 상당히 먼 거리를 이동하도록 명령을 해석합니다. 비행 중 적절한 이동 공간을 유지하며 움직임에 주의해야 합니다.

팁
• 스포츠 모드는 Bling 조종기로만 사용할 수 있습니다. 모바일 기기로 비행하는 경우 스포츠 모드가 비활성화됩니다.
• 조종기에서 비행 모드 스위치를 사용하면 기체 비행 모드를 선택할 수 있습니다.

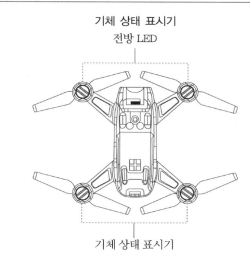

기체 상태 표시기
전방 LED

기체 상태 표시기

기체 상태 표시기 설명

정상		
☼☼☼ …	빨간색, 녹색 및 노란색이 교대로 깜박임	전원 켜짐 및 자체 진단 테스트
☼☼ …	노란색 및 녹색이 교대로 깜박임	가동준비
☼ …	녹색으로 느리게 깜박임	GPS를 사용한 P 모드
☼ ×2 …	녹색으로 두 번 깜박임	비전 시스템을 사용한 P 모드
☼ …	노란색으로 느리게 깜박임	GPS 및 비전 시스템 사용 안 함
☼ …	노란색으로 빠르게 깜박임	브레이크 사용
경고		
☼ …	노란색으로 빠르게 깜박임	조종기 신호 유실
☼ …	빨간색으로 느리게 깜박임	배터리 부족 경고
☼ …	빨간색으로 빠르게 깜박임	심각한 배터리 부족 경고
☼ …	빨간색으로 깜박임	IMU 오류
☼ …	빨간색 유지	심각한 오류
☼☼ …	빨간색과 노란색이 교대로 빠르게 깜박임	콤파스 캘리브레이션 필요

37 다음 중 위의 블링 사용설명서에서 기체 상태 표시기 설명을 올바르게 이해한 설명은 어느 것인가?

① 기체 표시기가 녹색으로 빠르게 깜박일 때는 GPS를 사용한 포지셔닝 모드 상태이다.

② 기체 표시기가 노란색으로 느리게 깜박일 때는 정상 상태로 조종기 신호를 유실한 상태를 말한다.

③ 기체 표시기가 빨간색으로 빠르게 깜박일 때는 심각한 배터리 부족을 경고하는 것이다.

④ 기체 표시기가 빨간색을 유지할 때는 IMU오류 상태를 경고하는 것이다.

⑤ 기체 표시기가 노란색 및 녹색이 교대로 깜박일 때는 가동 준비를 알리는 경고 상태이다.

38 다음 중 블링을 구매한 A씨의 적절한 사용 사례가 아닌 것은 어느 것인가?

① 공원으로 나가니 GPS 신호가 강하여 포지셔닝 모드를 사용하였다.

② 조명 조건이 좋아 비행속도 10.8km/h(6.7mph)에서 15˚ 비행 고도 각도로 비행했다.

③ 장애물이 많아 스포츠 모드로 전환한 후 3D 감지 시스템을 활성화시켜 안전하게 비행했다.

④ 포지셔닝 모드 사용 중에 비행 속도를 높이기 위해 스틱을 세게 꺾었다.

⑤ 모바일 기기로 비행하던 중 스포츠 모드로 전환하고 싶어 블링 조종기를 가지고 왔다.

39 다음 사례를 특허권, 실용신안권, 디자인권, 상표권으로 구분하여 바르게 연결한 것은?

	사례
(가)	화장품의 용기모양을 물방울형, 반구형 등 다양한 디자인으로 창안하였다.
(나)	자동차 도난을 방지하기 위해 자동차에 차량경보시스템을 발명하였다.
(다)	노란색 바탕에 검은색 글씨로 자사의 상표를 만들었다.
(라)	하나의 펜으로 다양한 색을 사용하기 위해 펜 내부에 여러 가지 색의 잉크를 넣었다.

	특허권	실용신안권	디자인권	상표권
①	(가)	(다)	(나)	(라)
②	(나)	(라)	(가)	(다)
③	(다)	(나)	(라)	(가)
④	(라)	(가)	(다)	(나)
⑤	(나)	(가)	(라)	(다)

40 연말 조직개편에 의해 J기업에는 새롭게 사장직속으로 지속가능개발TF팀이 신설되었다. 입사 1년차인 Y씨는 이제 막 자신의 업무에 익숙해져 일이 할 만한데 신설TF팀으로 배정되어 어안이 벙벙하지만 일단 지속가능개발이 무엇인지에 대해 알아보기로 했다. 지속가능개발 기술에 대한 Y씨의 메모 중 옳지 않은 것은?

① 현재 욕구를 충족시키지만, 동시에 후속 세대의 욕구 충족을 침해하지 않는 발전

② 이용 가능한 자원과 에너지를 고려하고 자원의 질을 생각하는 발전

③ 자원이 생산적인 방식으로 사용되는가에 주의를 기울이는 기술

④ 자원이 사용되고 재생산되는 비율의 조화를 추구하는 기술

⑤ 환경오염에 대한 평가방식을 사전평가 방식에서 사후 처리방식으로 변경

1 다음은 플레밍의 오른손 법칙을 설명한 것이다. 괄호 안에 들어갈 말을 바르게 나열한 것은?

> 자기장 내에 놓여 있는 도체가 운동을 하면 유도 기전력이 발생하는데, 이때 오른손의 엄지, 검지, 중지를 서로 직각이 되도록 벌려서 엄지를 (㉠)의 방향에, 검지를 (㉡)의 방향에 일치시키면 중지는 (㉢)의 방향을 가리키게 된다.

	㉠	㉡	㉢
①	도체 운동	유도 기전력	자기장
②	도체 운동	자기장	유도기전력
③	자기장	유도 기전력	도체 운동
④	자기장	도체 운동	유도 기전력
⑤	자기장	기전력	도체 운동

2 등전위면(equipotential surface)의 특징에 대한 설명으로 옳은 것만을 모두 고르면?

> ㉠ 등전위면과 전기력선은 수평으로 접한다.
> ㉡ 전위의 기울기가 없는 부분으로 평면을 이룬다.
> ㉢ 다른 전위의 등전위면은 서로 교차하지 않는다.
> ㉣ 전하의 밀도가 높은 등전위면은 전기장의 세기가 약하다.

① ㉠, ㉢   ② ㉠, ㉣

③ ㉡, ㉢   ④ ㉠, ㉡, ㉢

⑤ ㉡, ㉢, ㉣

3 도체에 정(+)의 전하를 주었을 때 다음 중 옳지 않은 것은?

① 도체 외측 측면에만 전하가 분포한다.

② 도체 표면에서 수직으로 전기력선이 발산한다.

③ 도체 표면의 곡률 반지름이 작은 곳에 전하가 많이 모인다.

④ 도체 내에 있는 공동면에도 전하가 분포한다.

⑤ 도체 표면에만 전하가 존재한다.

4 다음 회로에서 $3[\Omega]$에 흐르는 전류 $i_o[A]$는?

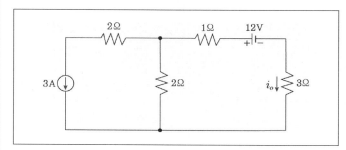

① -3

② 3

③ -4

④ 4

⑤ 1

5 정전계 내의 도체에 대한 설명으로 옳지 않은 것은?

① 도체표면은 등전위면이다.

② 도체내부의 정전계 세기는 영이다.

③ 등전위면의 간격이 좁을수록 정전계 세기가 크게 된다.

④ 도체표면상에서 정전계 세기는 모든 점에서 표면의 접선 방향으로 향한다.

⑤ 등전위면과 전기력선은 수직이다.

6 어떤 인덕터에 전류 $i = 3 + 10\sqrt{2}\sin 50t + 4\sqrt{2}\sin 100t$ [A]가 흐르고 있을 때, 인덕터에 축적되는 자기에너지가 $125[J]$이다. 이 인덕터의 인덕턴스[H]는?

① 1

② 2

③ 3

④ 4

⑤ 5

7 부하임피던스 $\dot{Z}=j\omega L[\Omega]$에 전압 $V[V]$가 인가되고 전류 $2I$ [A]가 흐를 때의 무효전력[Var]을 ω, L, I로 표현한 것은?

① $2\omega LI^2$

② $4\omega LI^2$

③ $4\omega LI$

④ $2\omega LI$

⑤ $8wLI$

8 이상적인 단상 변압기의 2차측에 부하를 연결하여 2.2[kW]를 공급할 때의 2차측 전압이 220[V], 1차측 전류가 50[A]라면 이 변압기의 권선비 $N_1 : N_2$는? (단, N_1은 1차측 권선수이고, N_2는 2차측 권선수이다.)

① 1 : 5

② 5 : 1

③ 1 : 10

④ 10 : 1

⑤ 1 : 4.4

9 평형 3상 회로에 대한 설명 중 옳은 것을 모두 고르면? (단, 전압, 전류는 페이저로 표현되었다고 가정한다.)

㈎ Y결선 평형 3상 회로에서 상전압은 선간전압에 비해 크기가 $\frac{1}{\sqrt{3}}$ 배이다.
㈏ Y결선 평형 3상 회로에서 상전류는 선전류에 비해 크기가 $\sqrt{3}$ 배이다.
㈐ △결선 평형 3상 회로에서 상전압은 선간전압에 비해 크기가 $\sqrt{3}$ 배이다.
㈑ △결선 평형 3상 회로에서 상전류는 선전류에 비해 크기가 $\frac{1}{\sqrt{3}}$ 배이다.

① ㈎, ㈏

② ㈎, ㈑

③ ㈏, ㈐

④ ㈏, ㈑

⑤ ㈐, ㈑

10 다음 그림과 같은 회로에서 저항 R의 양단에 걸리는 전압을 V라고 할 때 기전력 $E[V]$의 값은?

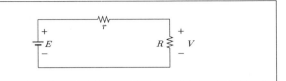

① $V\left(1-\dfrac{R}{r}\right)$

② $V\left(1+\dfrac{r}{R}\right)$

③ $V\left(1-\dfrac{r}{R}\right)$

④ $V\left(1+\dfrac{2R}{r}\right)$

⑤ $V\left(1-\dfrac{2R}{r}\right)$

11 기본파의 실횻값이 100[V]라 할 때 기본파의 3[%]인 제3고조파와 4[%]인 제5고조파를 포함하는 전압파의 왜형률[%]은?

① 1

② 3

③ 5

④ 7

⑤ 9

12 인덕터(L)와 커패시터(C)가 병렬로 연결되어 있는 회로에서 공진현상이 발생하였다. 이때 임피던스(Z)의 크기 변화로 옳은 것은?

① $Z=0[\Omega]$이 된다.

② $Z=1[\Omega]$이 된다.

③ $Z=-1[\Omega]$이 된다.

④ $Z=\infty[\Omega]$가 된다.

⑤ 변화가 없다.

13 그림과 같은 회로에서 a, b 단자에서의 테브난(Thevenin) 등가전압[V]과 등가저항[Ω]은?

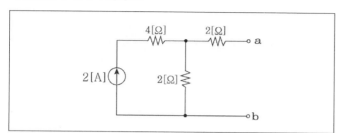

	등가전압[V]	등가저항[Ω]
①	4	4
②	4	3.33
③	12	4
④	12	3.33
⑤	4	12

14 평형 3상 Y-결선의 전원에서 선간전압의 크기가 $100[V]$일 때, 상전압의 크기[V]는?

① $100\sqrt{3}$

② $100\sqrt{2}$

③ $\dfrac{100}{\sqrt{2}}$

④ $\dfrac{100}{\sqrt{3}}$

⑤ $\dfrac{100}{\sqrt{6}}$

15 다음 그림과 같이 동일한 크기의 전류가 흐르고 있는 간격(d)이 20[cm]인 평행 도선에 1[m]당 $3 \times 10^{-6}[N]$의 힘이 작용한다면 도선에 흐르는 전류(I)의 크기[A]는?

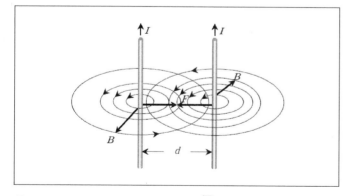

① 1

② $\sqrt{2}$

③ $\sqrt{3}$

④ 2

⑤ 3

16 다음 회로를 테브난 등가회로로 변환하면 등가저항 R_{Th}[kΩ]은?

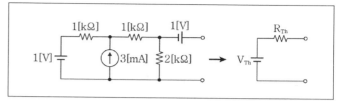

① 0.5

② 1

③ 2

④ 3

⑤ 4

17 다음 4단자 회로망(two port network)의 Y 파라미터 중 Y_{11} $[Ω^{-1}]$은?

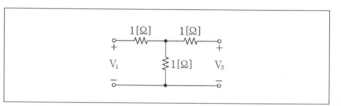

① $\dfrac{1}{2}$

② $\dfrac{2}{3}$

③ 1

④ 2

⑤ 3

18 내·외 도체의 반경이 각각 a, b이고 길이 L인 동축케이블의 정전용량[F]은?

① $C = \dfrac{2\pi\epsilon L}{\ln(b/a)}$

② $C = \dfrac{4\pi\epsilon L}{\ln(b/a)}$

③ $C = \dfrac{2\pi\epsilon L}{\ln(a/b)}$

④ $C = \dfrac{4\pi\epsilon L}{\ln(a/b)}$

⑤ $C = \dfrac{0.5\pi\epsilon L}{\ln(b/a)}$

19 다음 그림과 같은 회로에서 3상부하에 공급되는 전력[kW]은? (단, 전원의 각속도 $\omega = 300$[rad/sec]이다.)

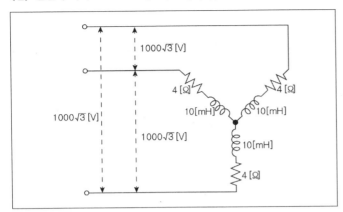

① 120

② 240

③ 360

④ 480

⑤ 600

20 다음 그림과 같은 $R-L-C$ 병렬회로에서 공진 상태일 때 설명으로 옳은 것은?

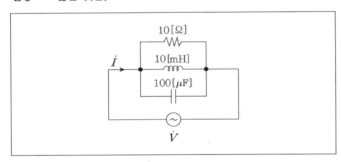

① 공진 주파수는 $\dfrac{500}{\pi}$[Hz]이다.

② 어드미턴스는 10[℧]이다.

③ 전류는 최대이고, 임피던스는 최소가 된다.

④ 전원 전압이 100[V]일 때 전류의 최댓값은 $20\sqrt{2}$[A]이다.

⑤ 어드미턴스는 최대가 된다.

21 10×10^{-6}[C]의 양전하와 6×10^{-7}[C]의 음전하를 갖는 대전체가 비유전율 3인 유체 속에서 1[m] 거리에 있을 때 두 전하 사이에 작용하는 힘은? (단, 비례상수 $k = \dfrac{1}{4\pi\epsilon_0} = 9 \times 10^9$이다.)

① -1.62×10^{-1}[N]

② 1.62×10^{-1}[N]

③ -1.8×10^{-2}[N]

④ 1.8×10^{-2}[N]

⑤ 1.62×10^{-2}[N]

22 다음 회로에서 12[Ω] 저항의 전압 V[V]는?

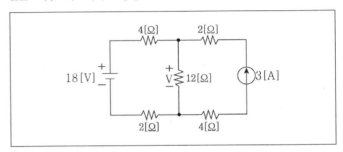

① 12

② 24

③ 36

④ 48

⑤ 60

23 다음 그림과 같은 이상적인 변압기 회로에서 200[Ω] 저항의 소비전력[W]은?

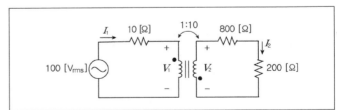

① 45

② 10

③ 50

④ 100

⑤ 25

24 교류전압

$v = 400\sqrt{2}\sin\omega t + 30\sqrt{2}\sin3\omega t + 40\sqrt{2}\sin5\omega t\,[V]$의 왜형률 [%]은? (단, ω는 기본 각주파수이다.)

① 8 ② 12.5

③ 25.5 ④ 50

⑤ 52.5

25 다음과 같이 평균길이가 10cm, 단면적이 20cm², 비투자율이 1,000인 철심에 도선이 100회 감겨있고, 60Hz의 교류전류 2A(실효치)가 흐르고 있을 때, 전압 V의 실효치[V]는? (단, 도선의 저항은 무시하며, μ_0는 진공의 투자율이다.)

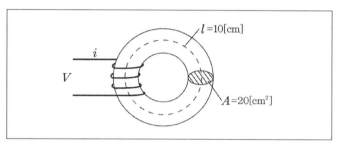

① $12\pi \times 10^6 \mu_0$

② $24\pi \times 10^6 \mu_0$

③ $36\pi \times 10^6 \mu_0$

④ $48\pi \times 10^6 \mu_0$

⑤ $60\pi \times 10^6 \mu_0$

26 평형 3상 Y결선의 전원에서 상전압의 크기가 220[V]일 때, 선간전압의 크기[V]는?

① $\dfrac{220}{\sqrt{3}}$

② $\dfrac{220}{\sqrt{2}}$

③ $220\sqrt{2}$

④ $220\sqrt{3}$

⑤ $200\sqrt{6}$

27 1[Ω]의 저항과 1[mH]의 인덕터가 직렬로 연결되어 있는 회로에 실횻값이 10[V]인 정현파 전압을 인가할 때, 흐르는 전류의 최댓값[A]은? (단, 정현파의 각주파수는 1,000[rad/sec]이다)

① 5

② $5\sqrt{2}$

③ 10

④ $10\sqrt{2}$

⑤ $\dfrac{10}{\sqrt{2}}$

28 전기장 내에서 +2[C]의 전하를 다른 점으로 옮기는 데 100 [J]의 일이 필요하다면, 그 점의 전위는 (ⓐ)[V] 높아진 상태이다. 다음 중 ⓐ의 값으로 옳은 것은?

① 2

② 20

③ 40

④ 50

⑤ 60

29 다음 회로에서 정상상태에 도달하였을 때, 인덕턴스와 커패시터에 저장된 에너지[J]의 합은?

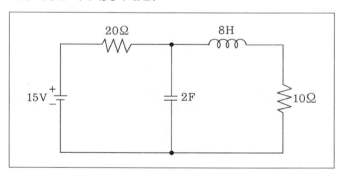

① 1

② 2.5

③ 25

④ 2.6

⑤ 26

30 다음 $R-L$ 직렬회로에서 $t=0$일 때, 스위치를 닫은 후 $\dfrac{di(t)}{dt}$에 대한 설명으로 옳은 것은?

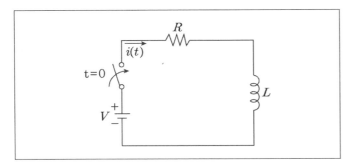

① 인덕턴스에 비례한다.

② 인덕턴스에 반비례한다.

③ 저항과 인덕턴스의 곱에 비례한다.

④ 저항과 인덕턴스의 곱에 반비례한다.

⑤ 인덕턴스 제곱에 비례한다.

31 다음 식으로 표현되는 비정현파 전압의 실횻값[V]은?

$$v = 2 + 5\sqrt{2}\sin\omega t + 4\sqrt{2}\sin(3\omega t) + 2\sqrt{2}\sin(5\omega t)\,[\text{V}]$$

① $13\sqrt{2}$ ② 11

③ 7   ④ 2

⑤ $\sqrt{2}$

32 다음 설명 중 옳은 것은 무엇인가?

① 전원회로에서 부하(load) 저항이 전원의 내부저항보다 커야 부하로 최대 전력이 공급된다.

② 코일의 권선수를 2배로 하면 자체 인덕턴스도 2배가 된다.

③ 같은 크기의 전류가 흐르고 있는 평행한 두 도선의 거리를 2배로 멀리하면 그 작용력은 반(1/2)이 된다.

④ 커패시터를 직렬로 연결하면 전체 정전용량은 커진다.

⑤ 유도기전력은 코일을 통과하는 자기선속의 시간에 따른 변화와 동일한 방향으로 발생한다.

33 다음 그림과 같은 회로에서 저항 R_1에서 소모되는 전력[W]은 얼마인가?

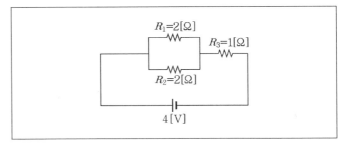

① 0.5   ② 1

③ 2   ④ 4

⑤ 8

34 220[V], 55[W] 백열등 2개를 매일 30분씩 10일간 점등했을 때 사용한 전력량과 110[V], 55[W]인 백열등 1개를 매일 1시간씩 10일간 점등했을 때 사용한 전력량의 비는?

① 1 : 1

② 1 : 2

③ 1 : 3

④ 1 : 4

⑤ 1 : 5

35 직류전원[V], $R = 20[\text{k}\Omega]$, $C = 2[\mu\text{F}]$의 값을 갖고 스위치가 열린 상태의 RC직렬회로에서 $t=0$일 때 스위치가 닫힌다. 이때 시정수 τ[s]는?

① 1×10^{-2}

② 1×10^{4}

③ 4×10^{-2}

④ 4×10^{4}

⑤ 4×10^{-4}

36 그림과 같이 커패시터 $C_1 = 100[\mu F]$, $C_2 = 120[\mu F]$, $C_3 = 150[\mu F]$가 직렬로 연결된 회로에 $14[V]$의 전압을 인가할 때, 커패시터 C_1에 충전되는 전하량[C]은?

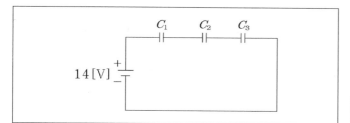

① 2.86×10^{-6}

② 2.64×10^{-5}

③ 5.60×10^{-4}

④ 5.18×10^{-3}

⑤ 5.60×10^{-3}

37 그림과 같은 $R-C$ 직렬회로에서 크기가 $1 \angle 0°\,[V]$이고, 각 주파수가 $\omega[rad/sec]$인 정현파 전압을 인가할 때, 전류(I)의 크기가 $2 \angle 60°\,[A]$라면 커패시터(C)의 용량[F]은?

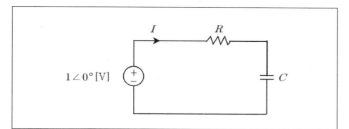

① $\dfrac{4}{\sqrt{2}\,\omega}$

② $\dfrac{4}{\sqrt{3}\,\omega}$

③ $\dfrac{2}{\sqrt{2}\,\omega}$

④ $\dfrac{2}{\sqrt{3}\,\omega}$

⑤ $\dfrac{1}{\sqrt{3}\,w}$

38 다음 그림과 같은 파형에서 실횻값과 평균값의 비 $\left(\dfrac{실횻값}{평균값}\right)$는?

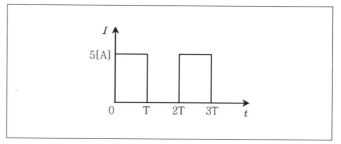

① 1

② $\sqrt{2}$

③ 2

④ $5\sqrt{2}$

⑤ $5\sqrt{3}$

39 다음 회로에서 부하저항 $R_L = 10[\Omega]$에 흐르는 전류 I[A]는?

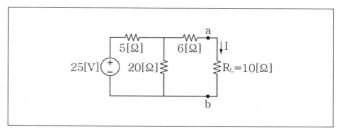

① 1

② 1.25

③ 1.75

④ 2

⑤ 2.25

다음과 같은 T형 회로에서 4단자 정수 중 AD값은?

① -2

② -1

③ 0

④ 1

⑤ 2

인천교통공사

기출동형 모의고사

제 2 회	영 역	직업기초능력평가 전기이론
	문항수	80문항
	시 간	90분
	비 고	객관식 5지선다형

SEOWONGAK
(주)서원각

제2회 기출동형 모의고사

✎ 직업기초능력평가

1 고객과의 접촉이 잦은 민원실에서 업무를 시작하게 된 신입사원 길동이는 선배사원으로부터 불만이 심한 고객을 응대하는 방법을 배우고 있다. 다음 중 선배사원이 길동이에게 알려 준 응대법으로 적절하지 않은 것은?

① "불만이 심한 고객을 맞은 경우엔 응대자를 바꾸어 보는 것도 좋은 방법입니다."

② "나보다 더 책임 있는 윗사람이 고객을 응대한다면 좀 더 효과적인 대응이 될 수도 있습니다."

③ "불만이 심한 고객은 대부분 큰 소리를 내게 될 테니, 오히려 좀 시끄러운 곳에서 응대하는 것이 덜 민망한 방법일 수도 있습니다."

④ "일단 별실로 모셔서 커피나 차를 한 잔 권해 보는 것도 좋은 방법입니다."

⑤ "우선 고객의 화가 누그러질 수 있도록 시간을 버는 게 중요합니다. 급하게 응대하는 것보다 감정이 가라앉을 수 있는 기회를 찾는 것이지요."

2 다음의 내용을 근거로 할 때, 단어의 쓰임이 적절하지 않은 것은?

- 동조(同調) 「명사」
  남의 주장에 자기의 의견을 일치시키거나 보조를 맞춤.
- 방조(幇助/幫助) 「명사」
  『법률』 형법에서, 남의 범죄 수행에 편의를 주는 모든 행위.
- 협조(協調) 「명사」
  「1」 힘을 합하여 서로 조화를 이룸.
  「2」 생각이나 이해가 대립되는 쌍방이 평온하게 상호 간의 문제를 협력하여 해결하려 함.

① 마을 사람들은 이장의 의견에 <u>동조</u>했다.

② 회사 발전을 위해 노사가 서로 <u>방조</u>해야 한다.

③ 고개를 끄덕여 그에게 <u>동조</u>하는 태도를 보였다.

④ 그는 그 사건을 <u>방조</u>한 혐의로 전국에 수배되었다.

⑤ 업무 추진을 위해 관계 부처와 긴밀하게 <u>협조</u>해야 한다.

3 중의적 표현에 대한 다음 설명을 참고할 때, 구조적 중의성의 사례가 아닌 것은?

중의적 표현(중의성)이란 하나의 표현이 두 가지 이상의 의미로 해석되는 표현을 일컫는다. 그 특징은 해학이나 풍자 등에 활용되며, 의미의 다양성으로 문학 작품의 예술성을 높이는 데 기여한다. 하지만 의미 해석의 혼동으로 인해 원활한 의사소통에 방해를 줄 수도 있다.

이러한 중의성은 어휘적 중의성과 구조적 중의성으로 크게 구분할 수 있다. 어휘적 중의성은 다시 세 가지 부류로 나누는데 첫째, 다의어에 의한 중의성이다. 다의어는 의미를 복합적으로 가지고 있는데, 기본 의미를 가지고 있는 동시에 파생적 의미도 가지고 있어서 그 어휘의 기본적 의미가 내포되어 있는 상태에서 다른 의미로도 쓸 수 있다. 둘째, 어휘적 중의성으로 동음어에 의한 중의적 표현이 있다. 동음어에 의한 중의적 표현은 순수한 동음어에 의한 중의적 표현과 연음으로 인한 동음이의어 현상이 있다. 셋째, 동사의 상적 속성에 의한 중의성이 있다.

구조적 중의성은 문장의 구조 특성으로 인해 중의성이 일어나는 것을 말하는데, 이러한 중의성은 수식 관계, 주어의 범위, 서술어와 호응하는 논항의 범위, 수량사의 지배범위, 부정문의 지배범주 등에 의해 일어난다.

① 나이 많은 길동이와 을순이가 결혼을 한다.

② 그 녀석은 나와 아버지를 만났다.

③ 영희는 친구들을 기다리며 장갑을 끼고 있었다.

④ 그녀가 보고 싶은 친구들이 참 많다.

⑤ 그건 오래 전부터 아끼던 그녀의 선물이다.

4 다음 빈칸에 공통으로 들어갈 가장 적절한 단어의 기본형은?

㉠ 그들의 만남은 삼사 년 전부터 (   ) 시작했다.
㉡ 공원에서 길이 (   ) 바람에 하루 종일 만나지 못했다.
㉢ 형제는 부모님의 기대에 (   ) 않도록 열심히 노력했다.

① 어긋나다

② 어울리다

③ 스러지다

④ 나아가다

⑤ 부응하다

5 다음의 글을 고치기 위한 의견으로 적절하지 않은 것은?

사막 지방 사람들은 여름에 ㉠햇빛 흡수가 용이한 검은 색 계열의 옷을 입는다. 일반적으로 검은 색 옷을 입으면 ㉡흰색 옷보다 옷 안의 온도가 6℃ 가량 더 올라간다. 따뜻해진 옷 안의 공기는 대류 현상에 의해 옷의 윗부분으로 올라와 목으로 빠져나간다. ㉢그런데 바깥의 공기가 다시 옷 안으로 스며든다. 이처럼 ㉣공기의 순환은 옷의 안과 밖을 돌기 때문에 옷 안에는 항상 바람이 불어 시원하게 된다. 그러므로 사막에서는 여름에 검은 색 계열의 옷을 입는 것이 ㉤오히려 생활의 지혜가 된다.

① ㉠은 '햇빛이 잘 흡수되는'으로 고치면 더 이해하기 쉬워지겠어.

② ㉡은 비교 대상을 분명히 하기 위해 '흰색 옷을 입을 때보다'로 고쳐야겠어.

③ ㉢은 문맥의 흐름상 자연스럽지 않으므로 '그리고'로 바꿔야겠어.

④ ㉣은 뒤에 오는 '돌기 때문에'와의 호응을 고려하여 '공기가'로 고쳐야겠어.

⑤ ㉤은 뜻을 강조하기 위해 '가급적'으로 바꾸어야겠어.

6 다음 문장에 밑줄 친 단어를 한자어로 바꿔 쓴 것이 적절하지 않은 것은?

① 매개를 거치지 않은 채 손실되지 않은 과거와 <u>만날</u> 수 있다면 역사학이 설 자리가 없을 것이다. → 대면(對面)

② 알려지지 않았던 사료를 찾아내기도 하지만, 중요하지 않게 <u>여겼던</u> 자료를 새롭게 사료로 활용하거나 기존의 사료를 새로운 방향에서 파악하기도 한다. → 간주(看做)

③ 역사학에서 영화를 통한 역사 서술에 대한 관심이 일고, 영화를 사료로 파악하는 경향도 <u>나타났다</u>. → 대두(擡頭)

④ 역사에 대한 영화적 독해와 영화에 대한 역사적 독해는 영화와 역사의 관계에 대한 두 축을 <u>이룬다</u>. → 결합(結合)

⑤ 영화는 주로 허구를 다루기 때문에 역사 서술과는 거리가 있다고 보는 사람도 있는데, 왜냐하면 역사가들은 일차적으로 사실을 기록한 자료에 기반해서 연구를 <u>펼치기</u> 때문이다. → 전개(展開)

7 다음은 면접스터디 중 일어난 대화이다. 민아의 고민을 해소하기 위한 조언으로 가장 적절한 것은?

지섭 : 민아 씨, 어디 아파요? 표정이 안 좋아 보여요.
민아 : 제가 원서 넣은 공사가 내일 면접이어서요. 그동안 스터디를 통해서 면접 연습을 많이 했는데도 벌써부터 긴장이 되네요.
지섭 : 민아 씨는 자기 의견도 명확히 피력할 줄 알고 조리 있게 설명을 잘 하시니 걱정 안해서도 될 것 같아요. 아, 손에 꽉 쥐고 계신 건 뭔가요?
민아 : 아, 제가 예상 답변을 정리해서 모아둔 거예요. 내용은 거의 외웠는데 이렇게 쥐고 있지 않으면 불안해서…
지섭 : 그 정도로 준비를 철저히 하셨으면 걱정할 이유 없을 것 같아요.
민아 : 그래도 압박면접이거나 예상치 못한 질문이 들어오면 어떻게 하죠?
지섭 : _____

① 시선을 적절히 처리하면서 부드러운 어투로 말하는 연습을 해보는 건 어때요?

② 공식적인 자리인 만큼 옷차림을 신경 쓰는 게 좋을 것 같아요.

③ 당황하지 말고 질문자의 의도를 잘 파악해서 침착하게 대답하면 되지 않을까요?

④ 예상 질문에 대한 답변을 좀 더 정확하게 외워보는 건 어떨까요?

⑤ 면접관들을 웃길 수 있는 개인기를 준비해가는 것도 좋은 방법인 것 같아요.

8 다음 글의 내용과 일치하지 않는 것은?

정치 철학자로 알려진 아렌트 여사는 우리가 보통 '일'이라 부르는 활동을 '작업'과 '고역'으로 구분한다. 이 두 가지 모두 인간의 노력, 땀과 인내를 수반하는 활동이며, 어떤 결과를 목적으로 하는 활동이다. 그러나 전자가 자의적인 활동인 데 반해서 후자는 타의에 의해 강요된 활동이다. 전자의 활동을 창조적이라 한다면 후자의 활동은 기계적이다. 창조적 활동의 목적이 작품 창작에 있다면, 후자의 활동 목적은 상품 생산에만 있다.

전자, 즉 '작업'이 인간적으로 수용될 수 있는 물리적 혹은 정신적 조건하에서 이루어지는 '일'이라면 '고역'은 그 정반대의 조건에서 행해진 '일'이라는 것이다. 인간은 언제 어느 곳에서든지 '일'이라고 불리는 활동에 땀을 흘리며 노력해 왔고, 현재도 그렇고, 아마도 앞으로도 영원히 그럴 것이다. 구체적으로 어떤 종류의 일이 '작업'으로 불릴 수 있고 어떤 일이 '고역'으로 분류될 수 있느냐는 그리 쉬운 문제가 아니다. 그러나 일을 작업과 고역으로 구별하고 그것들을 위와 같이 정의할 때 고역으로서 일의 가치는 부정되어야 하지만 작업으로서 일은 오히려 찬미되고, 격려되며 인간으로부터 빼앗아 가서는 안 될 귀중한 가치라고 봐야 한다.

'작업'으로서의 일의 내재적 가치와 존엄성은 이런 뜻으로서 일과 인간의 인간됨과 뗄 수 없는 필연적 관계를 갖고 있다는 사실에서 생긴다. 분명히 일은 노력과 아픔을 필요로 하고, 생존을 위해 물질적으로는 물론 정신적으로도 풍요한 생활을 위한 도구적 기능을 담당한다.

① 인간은 생존을 위해서 일을 한다.
② 일은 노력, 땀과 인내를 필요로 한다.
③ 일은 어떤 결과를 목적으로 하는 활동이다.
④ 일은 물질적인 것보다 정신적 풍요를 위한 도구이다.
⑤ 작업으로서의 일은 빼앗아 가서는 안 될 귀중한 가치이다.

▌9~10▌ 다음 글을 읽고 이어지는 물음에 답하시오.

연금술은 일련의 기계적인 속임수나 교감적 마술에 대한 막연한 믿음 이상의 인간 행위다. 출발에서부터 그것은 세계와 인간 생활을 관계 짓는 이론이었다. 물질과 과정, 원소와 작용 간의 구분이 명백하지 않았던 시대에 연금술이 다루는 원소들은 인간성의 측면들이기도 했다.

당시 연금술사의 관점에서 본다면 인체라는 소우주와 자연이라는 대우주 사이에는 일종의 교감이 있었다. 대규모의 화산은 일종의 부스럼과 같고 폭풍우는 왈칵 울어대는 동작과 같았다. 연금술사들은 두 가지 원소가 중요하다고 보았다. 그 중 하나가 수은인데, 수은은 밀도가 높고 영구적인 모든 것을 대표한다. 또 다른 하나는 황으로, 가연성이 있고 비영속적인 모든 것을 표상한다. 이 우주 안의 모든 물체들은 수은과 황으로 만들어졌다. 이를테면 연금술사들은 알 속의 배아에서 뼈가 자라듯, 모든 금속들은 수은과 황이 합성되어 자라난다고 믿었다. 그들은 그와 같은 유추를 진지한 것으로 여겼는데, 이는 현대 의학의 상징적 용례에 그대로 남아 있다.

우리는 지금도 여성의 기호로 연금술사들의 구리 표시, 즉 '부드럽다'는 뜻으로 '비너스'를 사용하고 있다. 그리고 남성에 대해서는 연금술사들의 철 기호, 즉 '단단하다'는 뜻으로 '마르스'를 사용한다. 모든 이론이 그렇듯이 연금술은 당시 그 시대의 문제를 해결하기 위한 노력의 산물이었다. 1500년경까지는 모든 치료법이 식물 아니면 동물에서 나와야 한다는 신념이 지배적이었기에 의학 문제들은 해결을 보지 못하고 좌초해 있었다. 그때까지 의약품은 대체로 약초에 의존하였다. 그런데 연금술사들은 거리낌 없이 의학에 금속을 도입했다. 예를 들어 유럽에 창궐한 매독을 치료하기 위해 대단히 독창적인 치료법을 개발했는데, 그 치료법은 연금술에서 가장 강력한 금속으로 간주된 수은을 바탕으로 하였다.

9 윗글에서 알 수 있는 내용으로 적절하지 않은 것은?

① 연금술은 인간성의 측면에서 원소를 다루었다.
② 대부분의 질병에는 수은을 사용한 치료법이 사용되었다.
③ 인간을 치료하는 데 금속을 사용했다.
④ 우리는 지금도 연금술사들의 기호를 사용하고 있다.
⑤ 인체는 소우주와 대우주 사이의 일종의 교감이라고 여겨졌다.

10 윗글을 바탕으로 연금술에 대해 이해한 내용으로 적절하지 않은 것은?

① 연금술사의 관점에서 화산은 일종의 부스럼, 폭풍우는 왈칵 울어대는 동작과 같다.
② 연금술은 단순한 속임수나 마술을 넘어선 믿음 이상의 인간 행위이다.
③ 연금술사들은 수은과 황으로 우주 안의 모든 물체들을 표현할 수 있다고 믿었다.
④ 연금술에 따르면 구리는 수은과 황으로 이루어진 금속이다.
⑤ 연금술이 유행하던 시대에는 연금술의 일종인 약초를 이용한 치료법이 성행했다.

11 다음은 다양한 그래프의 종류와 그 활용 사례를 정리한 도표이다. 그래프의 종류에 맞는 활용 사례가 아닌 것은?

종류	활용 방법	활용 사례
㉠ 원그래프	내역이나 내용의 구성비를 분할하여 나타내고자 할 때	제품별 매출액 구성비
㉡ 점그래프	지역분포를 비롯하여 도시, 지방, 기업, 상품 등의 평가나 위치, 성격을 표시	광고비율과 이익률의 관계
㉢ 층별 그래프	합계와 각 부분의 크기를 백분율로 나타내고 시간적 변화를 보고자 할 때	상품별 매출액 추이
㉣ 막대 그래프	비교하고자 하는 수량을 막대 길이로 표시하고, 그 길이를 비교하여 각 수량 간의 대소 관계를 나타내고자 할 때	연도별 매출액 추이 변화
㉤ 방사형 그래프	다양한 요소를 비교하거나 경과를 나타낼 때	매출액의 계절변동

① ㉠
② ㉡
③ ㉢
④ ㉣
⑤ ㉤

12 갑, 을, 병, 정, 무, 기 6명의 채용 시험 결과를 참고로 평균 점수를 구하여 편차를 계산하였더니 결과가 다음과 같다. 이에 대한 분산과 표준편차를 합한 값은 얼마인가?

직원	갑	을	병	정	무	기
편차	3	-1	( )	2	0	-3

① 2
② 3
③ 4
④ 5
⑤ 6

13 다음은 일정한 규칙대로 나열된 수이다. 빈칸에 들어갈 수로 가장 적절한 것은?

849	288	128	16	?

① 5
② 6
③ 7
④ 8
⑤ 9

14 도하가 혼자서는 21일, 주다 혼자서는 30일 걸리는 일이 있다. 이 일을 둘이서 같이 힘을 모아서 하다가 어느 날부턴가 도하가 아파서 주다 혼자 일을 하게 되어, 일을 끝마치는 데 20일이 걸리게 되었다. 도하는 며칠 동안 일을 못한 것인가?

① 10일
② 11일
③ 12일
④ 13일
⑤ 14일

15 진규는 맨투맨과 목도리를 샀다. 맨투맨과 목도리의 가격의 합은 4만 원이었으나 맨투맨은 20% 할인을 받고 목도리는 40% 할인을 받아 모두 3만 원에 샀다. 맨투맨의 원래 가격은 얼마인가?

① 1만 원
② 1만 4천 원
③ 2만 2천 원
④ 2만 8천 원
⑤ 3만 원

16 카드 5장에 각각 1, 2, 3, 4, 5의 숫자가 적혀 있는데, 이 중 카드 2장을 뽑았을 때 한 장은 십의 자리, 다른 한 장은 일의 자리라 할 때, 뽑은 수가 45 이상이 될 확률은 얼마인지 구하면?

① 0.47
② 0.39
③ 0.31
④ 0.25
⑤ 0.13

17 다음은 소득계층별 저축률 추이를 나타낸 것이다. 자료를 바르게 분석한 것을 모두 고르면? (단, 경제성장률은 0보다 크다)

구분 연도	상위 30%	중위 40%	하위 30%
2002	38	22	0
2005	37	20	−4
2008	35	15	−12

> ㉠ 모든 계층의 소득이 줄어들고 있다.
> ㉡ 국내총생산 규모가 점차 감소하고 있다.
> ㉢ 하위 30% 계층의 가계 부채가 증가하고 있다.
> ㉣ 이자 소득에 있어서 각 계층 간 격차가 심화되고 있다.

① ㉠㉡
② ㉠㉢
③ ㉡㉢
④ ㉡㉣
⑤ ㉢㉣

18 다음은 어느 시험의 통계사항을 나타낸 표이다. 주어진 표를 바탕으로 만든 그래프로 옳지 않은 것은?

구분	접수인원	응시인원	합격자수	합격률
1회		2,468	1,120	57.6
2회	1,808	1,404	605	43.1
3회	2,013	1,422	483	34.0
4회	1,148	852	540	63.4
5회	5,057	4,197	1,120	26.7

① 각 회별 합격률 비교

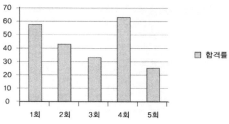

② 각 회별 응시인원과 접수인원 비교

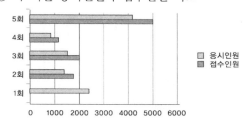

③ 각 회별 응시인원 비교

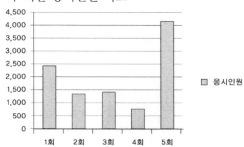

④ 각 회별 합격자수 비교

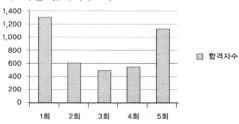

⑤ 각 회별 응시인원과 합격자수 비교

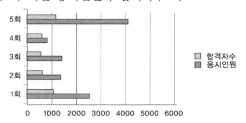

|19~20| 다음 내용은 보건산업의 연구개발비에 관한 자료를 나타낸 것이다. 아래의 조사 내용을 보고 물음에 답하시오.

〈보건산업별 연구개발비 추이〉

(단위 : 억 원, %)

구분	2005	2006	2007	2008	2009	2010	2009 대비 증가율	평균 증가율 (05-10)
의약품	3,445	4,494	5,846	6,218	6,764	7,347	8.6	16.4
의료 기기	629	1,098	1,508	1,678	1,698	2,162	27.3	28.0
화장품	551	935	1,097	1,233	1,446	2,288	58.3	32.9
식품	2,264	2,529	2,510	2,652	3,039	2,498	△17.8	2.0
합계	6,890	9,056	10,961	11,782	12,948	14,295	15.7	

〈보건산업 연구개발비 및 매출액 대비 연구개발비 비중 추이〉

19 위의 조사된 자료에 관한 설명으로 가장 옳지 않은 것은 무엇인가?

① 2010년도 총 연구개발비는 1조 4,295억 원이다.

② 매출액 대비 연구개발비 비중은 2005년 1.73%에서 2010년 2.75%로 1.02%p 상승하였다.

③ 보건산업별 연구개발비 규모는 지속적으로 성장하는 추세이다.

④ 의료기기 산업은 2010년 2,288억 원으로, 2005년부터 2010년까지 평균 32.9%의 증가율을 보인다.

⑤ 화장품 산업은 2005년 551억 원에서 2010년 2,288억 원의 규모로 성장하였고, 해마다 평균적으로 32.9%씩 증가하였다.

20 위에 제시된 조사 자료에 대한 설명으로 옳은 내용을 고르면?

① 2010년 보건산업의 연구개발비는 1조 4,295억 원으로 기업 전체 연구개발비의 10%의 비중이다.

② 화장품 산업은 2010년 2,162억 원으로 2005년 이후 평균 28.0%씩 증가하였다.

③ 식품 산업의 평균 증가율은 2005년 이후 2.0%이다.

④ 2010년 총 연구개발비는 전년 대비 2.75% 증가하였다.

⑤ 식품산업의 연구개발비는 2005년부터 2010년까지 계속 증가하고 있다.

21 다음 중 문제 해결을 위한 기본적인 사고방식으로 가장 적절하지 않은 것은?

① 어려운 해결책을 찾으려 하지 말고 우리가 알고 있는 단순한 정보라도 이용해서 실마리를 풀어가야 한다.

② 문제 전체에 매달리기보다 문제를 각각의 요소로 나누어 그 요소의 의미를 도출하고 우선순위를 부여하는 방법이 바람직하다.

③ 고정관념을 버리고 새로운 시각에서 문제를 바라볼 수 있어야 한다.

④ 나에게 필요한 자원을 확보할 계획을 짜서 그것들을 효과적으로 활용할 수 있어야 한다.

⑤ 문제 자체보다 그 문제가 다른 문제나 연관 시스템과 어떻게 연결되어 있는지를 파악하는 것이 중요하다.

22 다음과 같은 상황 아래에서 'so what?' 기법을 활용한 논리적인 사고로 가장 바람직한 사고 행위는 무엇인가?

• 무역수지 적자가 사상 최고를 경신했다.
• 주요 도시 무역단지의 신규 인력 채용이 점점 어려워지고 있다.
• 상공회의소 발표 자료에 따르면 적자를 극복하지 못해 도산하는 기업이 증가하고 있다.

① 무역 업체 입사를 원하는 청년층이 줄어들고 있다.

② 정부의 대대적인 지원과 문제해결 노력이 시급히 요구된다.

③ 무역 업체 경영진의 물갈이가 필요하다.

④ 자동차, 반도체 등 수출 선도업체에 대한 지원이 필요하다.

⑤ 각 기업들의 수익 개선 노력이 요구된다.

23 다음의 내용을 읽고 〈보기〉 중 괄호 안에 들어갈 용어로 적절한 것을 고르면?

사고력은 직장생활에서 발생하는 문제를 해결하기 위하여 요구되는 기본요소로서, (　　), (　　), (　　)으로 생각하는 능력이다. 현대인들은 각종 정보의 홍수 속에서 다양한 가치관의 입장에 있는 사람들과 살고 있다. 이런 상황에서 우리는 정보의 적절한 선택과 다른 사람과의 의견을 공유하기 위해서는 이러한 사고력이 필수적이며 다양한 형태의 문제에 대처하고 자신들의 의견 및 행동을 피력하는 데 중요한 역할을 한다.

〈보기〉
논리적, 직관적, 비판적, 사실적, 추론적, 계획적, 창의적,
분석적, 맹목적

① 논리적, 사실적, 추론적
② 논리적, 비판적, 창의적
③ 직관적, 계획적, 창의적
④ 비판적, 사실적, 계획적
⑤ 사실적, 분석적, 맹목적

24 문제해결 절차 중 선정된 문제를 분석하여 해결해야 할 것이 무엇인지를 명확히 하는 단계는?

① 문제 도출
② 원인 분석
③ 문제 인식
④ 해결안 개발
⑤ 실행 및 평가

25 직업기초능력시험이 이뤄지고 있는 한 시험장에서 3명의 지원자 중 한 명이 부정행위를 하였다. 이 중 한 사람만 진실을 말했다면 부정행위를 한 지원자는 누구인가?

• 김종국 : 이광수 씨가 부정행위를 했습니다.
• 이광수 : 지금 김종국 씨는 거짓말을 하고 있습니다.
• 강개리 : 저는 부정행위를 하지 않았습니다.

① 김종국
② 이광수
③ 강개리
④ 이광수와 강개리
⑤ 김종국과 이광수

26 다음 글의 내용이 참일 때, 반드시 참인 것만을 〈보기〉에서 모두 고르면?

A 부서에서는 새로운 프로젝트를 위해 팀을 꾸리고자 한다. 이 부서에는 남자 직원 세현, 승훈, 영수, 준원 4명과 여자 직원 보라, 소희, 진아 3명이 소속되어 있다. 아래의 조건에 따라 이들 가운데 4명을 뽑아 프로젝트 팀에 포함시키려 한다.
- 남자 직원 가운데 적어도 한 사람은 뽑아야 한다.
- 여자 직원 가운데 적어도 한 사람은 뽑지 말아야 한다.
- 세현, 승훈 중 적어도 한 사람을 뽑으면, 준원과 진아도 뽑아야 한다.
- 영수를 뽑으면, 보라와 소희는 뽑지 말아야 한다.
- 진아를 뽑으면, 보라도 뽑아야 한다.

〈보기〉
㉠ 남녀 동수로 팀이 구성된다.
㉡ 영수와 소희 둘 다 팀에 포함되지 않는다.
㉢ 준원과 보라 둘 다 팀에 포함된다.

① ㉢
② ㉠, ㉡
③ ㉡, ㉢
④ ㉠, ㉡, ㉢
⑤ 없음

27 A전자마트에서 TV는 원가의 10%를 더하여 정가를 정하고, 에어컨은 원가의 5%를 더하여 정가를 정하는데 직원의 실수로 TV와 에어컨의 이익률을 반대로 계산했다. TV 15대, 에어컨 10대를 판매한 후에야 이 실수를 알았을 때, 제대로 계산했을 때와 잘못 계산했을 때의 손익계산으로 옳은 것은? (단, TV가 에어컨보다 원가가 높고, TV와 에어컨 원가의 차는 20만 원, 잘못 계산된 정가의 합은 150만 원이다.)

① 60만 원 이익
② 60만 원 손해
③ 30만 원 이익
④ 30만 원 손해
⑤ 10만 원 이익

28 다음은 어느 화장품 브랜드의 SWOT분석이다. 이에 대한 해석으로 옳지 않은 것은?

강점	약점
• 계절과 트렌드에 맞는 신상품 지속 출시 • 독특한 제품명 • 색조 제품의 탄탄한 기술력	• 브랜드 인지도 낮음 • 오프라인 매장 부족 • 마케팅 인력 부족 • 기초 케어 제품 이미지 악화
기회	위협
• 글로벌 시장 진입 • 대형 유통 업체와 제휴 • 색조 화장품 시장 확대	• 경쟁업체 신규진입 • 수많은 대체상품 • 빠른 트렌드 변화

① 글로벌 신규시장을 공략하는 것은 S-O전략이다.
② S-O전략으로 기존 브랜드 신제품을 지속 출시하고 글로벌 시장에 어울리는 브랜드를 런칭한다.
③ S-T전략으로 대체상품과 차별화할 수 있는 트렌드 맞춤 상품을 출시한다.
④ W-T전략으로 글로벌 수준에 맞는 마케팅 인력을 강화한다.
⑤ W-O전략으로 오프라인 매장을 늘리고 상품 유통에 투자를 확대한다.

|29~30| 지현 씨는 A기업의 기획업무부 신입사원으로 입사했다. 전화를 쓸 일이 많아 선임 기찬 씨에게 다음과 같은 부서 연락망을 받았다. 연락망을 보고 물음에 답하시오.

기획팀 (대표번호 : 1220)		지원팀 (대표번호 : 2220)		영업팀 (대표번호 : 3220)	
고길동 팀장	1200	전지효 팀장	2200	한기웅 팀장	3200
최유식 대리	1210	김효미	2220	허수연 대리	3210
이나리	1220	이탄	2221	최한수	3220
이기찬	1221	박효숙	2222		
김지현	1222				

※ 평사원은 입사 순으로 정렬

〈전화기 사용법〉
• 당겨받기 : 수화기 들고 #버튼 두 번
• 사내통화 : 내선번호
• 외부통화 : 수화기 들고 9버튼＋외부번호
• 돌려주기 : 플래시버튼＋내선번호＋연결 확인 후 끊기
• 외부 전화 받았을 때 : "감사합니다. 고객에게 사랑받는 A기업, ○○팀 ○○○입니다. 무엇을 도와드릴까요."
• 내부 전화 받았을 때 : "네, ○○팀 ○○○입니다."

29 부서 연락망을 보던 중 지현 씨는 다음과 같은 규칙을 찾았다. 옳지 않은 것은?

① 첫째 자리 번호 : 팀 코드
② 둘째 자리 번호 : 부서 코드
③ 셋째 자리 번호 : 회사 코드
④ 넷째 자리 번호 : 사원 구분 코드
⑤ 대표번호 : 제일 먼저 입사한 평사원 번호

30 지현 씨는 기찬 씨에게 걸려온 외부 전화가 자리를 비운 최유식 대리님에게 걸려온 전화가 울리는 것으로 착각하고 전화를 당겨 받았다. 다음 중 지현 씨가 해야 할 것으로 가장 적절한 것은?

① #버튼을 두 번 누른 후 기찬 씨의 내선번호를 눌러 연결한다.
② 수화기를 든 채로 기찬 씨의 내선번호를 눌러 연결한다.
③ 9버튼을 누른 후 기찬 씨의 내선번호를 눌러 연결한다.
④ 플래시 버튼을 누른 후 기찬 씨의 내선번호를 눌러 연결한다.
⑤ 번호를 메모하고 전화를 끊은 뒤 최유식 대리님께 전달한다.

31 다음 글을 통해 알 수 있는 '사회기술 시스템의 발전'의 가장 큰 시사점은 무엇인가?

- 기술 시스템은 인공물의 집합체만이 아니라 회사, 투자 회사, 법적 제도, 정치, 과학, 자연자원을 모두 포함하는 것이기 때문에, 기술 시스템에는 기술적인 것(the technical)과 사회적인 것(the social)이 결합해서 공존하고 있다. 이러한 의미에서 기술 시스템은 사회기술 시스템(sociotechnical system)이라고 불리기도 한다.
- 기술 시스템은 경쟁 단계에서 기업가들의 역할이 더 중요하게 부상하며, 시스템이 공고해지면 자문 엔지니어와 금융전문가의 역할이 중요해진다.
- 기술 시스템의 사회기술적 접근의 일례로, 경비원 대신 폐쇄회로 시스템을 설치하여 관리를 용이하게 한 어느 박물관의 경우, 수천 건에 달하는 침입 중 단지 5%만을 적발한 사례가 있는데 이는 경비원 간 상호작용을 무시한 설계로 소외와 단조로움을 유발한 것이 원인이라는 연구 결과가 있다.

① 사회기술 시스템은 기술만으로 완성되는 것이 아니다.
② 사회기술 시스템은 단계적인 발전을 거친다.
③ 사회기술 시스템은 기술과 사람의 혼합과 조정이 중요하다.
④ 기업가와 자금력은 사회기술 시스템의 핵심 요소이다.
⑤ 사회기술 시스템이 발전해도 과거의 모습은 유지해야 한다.

32 다음은 벤치마킹 프로세스를 도식화한 자료이다. 빈칸 (가), (나)에 들어갈 말이 순서대로 올바르게 짝지어진 것은?

1단계 : 계획 단계	(나)
2단계 : 자료 수집 단계	벤치마킹 프로세스의 자료수집 단계에서는 내부 데이터 수집, 자료 및 문헌조사, 외부 데이터 수집이 포함된다.
3단계 : (가) 단계	데이터 분석, 근본 원인 분석, 결과 예측, 동인 판단 등의 업무를 수행하여야 한다. 이 단계의 목적은 벤치마킹 수행을 위해 개선 가능한 프로세스 동인들을 확인하기 위한 것이다.
4단계 : 개선 단계	개선 단계의 궁극적인 목표는 자사의 핵심 프로세스를 개선함으로써 벤치마킹결과를 현실화 시키자는 것이다. 이 단계에서는 벤치마킹 연구를 통해 얻은 정보를 활용함으로써 향상된 프로세스를 조직에 적응시켜 지속적인 향상을 유도하여야 한다.

① 정보화 단계, 벤치마킹의 방식 선정
② 원인 도출 단계, 실행 가능 여부의 면밀한 검토
③ 분석 단계, 벤치마킹 파트너 선정에 필요한 요구조건 작성
④ 비교 단계, 벤치마킹의 필요성 재확인
⑤ 자료 이용 단계, 벤치마킹 대상에 대한 적격성 심사

33 네트워크 혁명은 디지털 격차(digital divide), 정보화에 따른 실업의 문제, 인터넷 게임과 채팅 중독, 범죄 및 반사회적인 사이트의 활성화, 정보기술을 이용한 감시 등 적지 않은 역기능도 수반한다. 다음 중 이러한 역기능이 발생하는 근본적인 네트워크의 속성으로 가장 적절한 것은?

① 학습을 통한 전문성 배양을 필요로 하며 실생활과의 친밀도가 부족하다.
② 인터넷과 연계하여 원격으로 온라인 침투가 용이하고 누구나 접근 가능한 개방시스템이다.
③ 환경과 인권 문제를 동반한 기술적 가치를 제공하고 있지 못하다.
④ 세계적으로 통일되고 규격화되지 않은 기술 시스템으로 표준화의 한계가 있다.
⑤ 인터넷을 이용하지 않고서는 원활한 네트워크 활용이 어렵다.

34 다음은 A공사가 실시한 벤치마킹 방법을 소개한 글이다. 다음 사례에서 나타난 벤치마킹의 두 가지 유형을 알맞게 나열한 것은?

A공사는 선진화된 외국의 관리 노하우를 습득하기 위해, 지역 주민에 대한 서비스 개선을 최우선 과제로 삼고 미국 B지역의 관리 실태를 벤치마킹하기로 결정하였다. 이를 위해 공사의 실무 담당자들이 대대적인 출장 방문을 계획하였고, 이와 함께 현지 주민의 만족도를 알아보기 위해 설문조사 TF팀을 구성하여 파견하였다.

① 내부 벤치마킹, 비경쟁적 벤치마킹
② 경쟁적 벤치마킹, 글로벌 벤치마킹
③ 비경쟁적 벤치마킹, 글로벌 벤치마킹
④ 내부 벤치마킹, 경쟁적 벤치마킹
⑤ 내부 벤치마킹, 글로벌 벤치마킹

35 다음 중 기술 혁신의 특징을 바르게 파악하지 못한 것은?

① 기술 혁신은 노동 집약적인 활동이다.

② 기술 혁신은 그 과정 자체가 매우 불확실하고 장기간의 시간을 필요로 한다.

③ 혁신 과정의 불확실성과 모호함은 기업 내에서 많은 논쟁과 갈등을 유발할 수 있다.

④ 기술 혁신은 조직의 경계를 넘나드는 특성을 갖고 있다.

⑤ 개발자에 타당한 보상을 줌으로써 의욕을 북돋아주어야 투입된 자금과 인력에 대해 최대 효과를 기대할 수 있다.

36 다음은 ○○기업의 기술적용계획표이다. ㉠~㉤ 중 기술적용 시 고려할 사항으로 가장 적절하지 않은 것은?

기술적용계획표				
프로젝트명	2020년 가상현실 시스템 구축			

항목	평가			비교
	적절	보통	부적절	
기술적용 고려사항				
㉠ 현장 작업 담당자가 해당 시스템을 사용하길 원하는가?				
㉡ 해당 시스템이 향후 목적과 비전에 맞추어 잠재적으로 응용가능한가?				
㉢ 해당 시스템의 수명주기를 충분히 고려하여 불필요한 교체를 피하였는가?				
㉣ 해당 시스템의 기술적용에 따른 비용이 예산 범위 내에서 가능한가?				
㉤ 해당 시스템이 현재 회사의 전략과 조합을 이루는가?				
세부 기술적용 지침				
－이하 생략－				

계획표 제출일자 : 2019년 11월 10일	부서 :
계획표 작성일자 : 2019년 11월 10일	성명 : (인)

① ㉠ 　　　　　② ㉡

③ ㉢ 　　　　　④ ㉣

⑤ ㉤

37 다음은 우리기업의 구직자 공개 채용 공고문이다. 현재 우리기업에서 채용하고자 하는 구직자로서 가장 적절한 유형은?

우리기업 채용 공고문

담당업무 : 상세요강 참조　　고용형태 : 정규직/경력 5년↑
근무부서 : 기술팀/서울　　모집인원 : 1명
전공 : △△학과　　최종학력 : 대졸 이상
성별/나이 : 무관/40~50세　　급여조건 : 협의 후 결정

〈상세요강〉

(1) **직무상 우대 능력**
• 기술을 기업의 전반적인 전략 목표에 통합시키는 능력
• 빠르고 효과적으로 새로운 기술을 습득하고 기존의 기술에서 탈피하는 능력
• 기술을 효과적으로 평가할 수 있는 능력
• 기술 이전을 효과적으로 할 수 있는 능력
• 기술 전문 인력을 운용할 수 있는 능력
• 크고 복잡하고 서로 다른 분야에 걸쳐 있는 프로젝트를 수행할 수 있는 능력
• 조직 내 기술 이용을 수행할 수 있는 능력

(2) **제출서류**
• 이력서 및 자기소개서(경력중심으로 기술)
• 관련 자격증 사본(해당자만 첨부)

(3) **채용일정**
서류전형 후 합격자에 한해 면접 실시

(4) **지원방법**
본사 채용 사이트에서 이력서 및 자기소개서 작성 후 메일 (fdskljl@wr.or.kr)로 전송

① 기술관리자　　　　　② 현장기술자

③ 기술경영자　　　　　④ 작업관리자

⑤ 공장관리자

38 아래 〈보기〉는 그래프 구성 명령어 실행 예시이다. 〈보기〉를 참고할 때, 다음과 제시된 그래프를 산출하기 위한 명령어는?

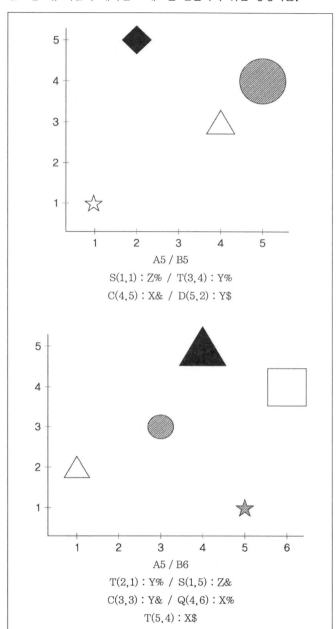

A5 / B5
S(1,1) : Z% / T(3,4) : Y%
C(4,5) : X& / D(5,2) : Y$

A5 / B6
T(2,1) : Y% / S(1,5) : Z&
C(3,3) : Y& / Q(4,6) : X%
T(5,4) : X$

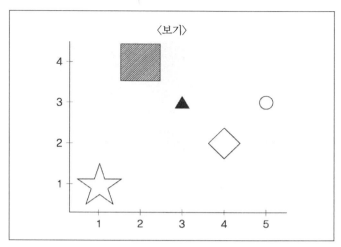

〈보기〉

① A5 / B5 S(1,1) : X% / Q(5,2) : X& / T(3,3) : Z$ / D(2,4) : Y% / C(3,5) : Z&

② A5 / B5 S(1,1) : Z& / Q(4,2) : X$ / T(3,3) : X$ / D(2,5) : Y% / C(3,5) : Z&

③ A4 / B5 S(1,1) : Y& / Q(3,2) : X% / T(3,3) : Z$ / D(2,4) : Y$ / C(3,5) : Z%

④ A4 / B5 S(1,1) : X% / Q(4,2) : X& / T(3,3) : Z$ / D(2,4) : Y% / C(3,5) : Z%

⑤ A4 / B5 S(1,2) : Y% / Q(3,2) : X$ / T(3,3) : Z$ / D(2,4) : Y$ / C(3,5) : Z&

※ 내솥 코팅이 벗겨질 경우 고객상담실(지역번호 없이 1588-8899)로 문의에 관하여
• 제품을 장기간 사용할 경우 내솥 코팅이 벗겨질 수 있습니다.
• 거친 수세미나 금속성 수세미로 내솥을 씻을 경우 코팅이 벗겨질 수 있으니 반드시 주방용 중성세제와 스펀지로 씻어 주십시오.
• 주걱에 묻어있는 밥풀을 제거하기 위하여 내솥 가장자리를 반복적으로 내려 칠 경우 내솥 코팅이 벗겨질 수 있습니다.
• 고객 과실에 의한 내솥 코팅의 스크래치 및 벗겨짐이 발생할 경우에는 무상 서비스 기간 내라도 유상 처리됩니다.

※ 제품손질방법
• 사용 중 분리형 커버나 내솥 내부에 밥물이 묻어 전분막이 생기는 수가 있으나 위생상 아무런 영향이 없습니다.

※ 현재시각의 설정 및 음성안내 기능의 설정과 해제에 관하여
① 전원플러그를 꽂은 후 설정 버튼을 2회 누릅니다.
② 8시 25분으로 시간을 설정하려는 경우 선택 버튼으로 시를 "8"에 맞추고 분을 "25"에 맞춥니다.
③ 원하는 시각으로 설정이 완료되면 설정 버튼을 눌러주십시오
④ 설정 버튼을 3회 눌러 음성볼륨 설정모드 진입 시 표시부에 "3"이 표시됩니다.

※ 압력밥솥으로 맛있는 밥 짓기
① 쌀은 계량컵으로! 물은 내솥 눈금으로 정확히!
  • 쌀은 반드시 계량컵을 사용하여 정확히 계량합니다.(시중에 유통되고 있는 쌀통은 제품에 따라 쌀의 양에 다소 차이가 날 수도 있습니다.)
  • 물의 양은 내솥을 평평한 곳에 놓고 내솥의 물 눈금에 맞춥니다.
② 쌀은 보관방법이 중요!
  • 쌀은 가급적이면 소량으로 구입하여 통풍이 잘되고 직사광선이 없는 서늘한 곳에 쌀의 수분이 잘 증발되지 않도록 보관합니다.
  • 쌀을 개봉한 지 오래되어 말라 있는 경우는 물을 반눈금 정도 더 넣고 취사를 하면 좋습니다.
③ 예약, 취사 시간은 짧을수록 좋습니다!
  • 쌀이 많이 말라 있는 경우는 가급적 예약취사를 피하시고 물을 반눈금 정도 더 넣고 취사합니다.
④ 보온 시간은 짧을수록 좋습니다!
  • 보온은 12시간 이내로 하는 것이 좋습니다.

39 다음은 밥솥 설명서를 잘못 이해하고 있는 사람은?
① 일순 : 내 과실에 의해 내솥 코팅의 벗겨짐이 발생할 경우에는 무상 서비스 기간 내라도 유상 처리된다고 하는군.
② 이순 : 내솥 내부에 밥물이 묻어도 위생상 아무런 영향이 없다고 하네.
③ 삼순 : 밥이 다 되고 보온상태에 있는 동안 보온은 20시간 이내로 하는 것이 가장 좋아.
④ 사순 : 맛있는 밥을 짓기 위해서는 쌀은 반드시 계량컵을 사용하여 정확히 계량해야 한다고 해.
⑤ 오순 : 물의 양은 내솥의 물 눈금에 맞춰야 해.

40 위에 제시된 밥솥 사용에 대한 내용으로 가장 옳지 않은 것은?
① 본체, 뚜껑 등을 닦을 시에는 벤젠 또는 신나 등은 사용해서는 안 된다.
② 내솥을 씻을 시에는 깨끗하게 씻기 위해 거친 수세미 또는 금속성 수세미를 사용해야 한다.
③ 쌀의 경우 직사광선이 없는 서늘한 곳에 쌀의 수분이 잘 증발되지 않도록 보관해야 한다.
④ 청소를 잘하지 않게 되면 밥을 보온하는 중 냄새가 나는 원인이 될 수 있다.
⑤ 시각 설정 시 원하는 시각으로 설정이 완료되면 설정 버튼을 누르면 된다.

✏ 전기이론

1 다음 그림과 같이 자속밀도 1.5[T]인 자계 속에서 자계의 방향과 직각으로 놓여 진 도체(길이 50[cm])가 자계와 30°방향으로 10[m/s]의 속도로 운동한다면 도체에 유도되는 기전력[V]은?

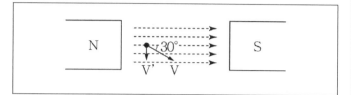

① 3.5

② 3.75

③ 4

④ 4.25

⑤ 4.5

2 다음 그림과 같은 회로에서 저항 5[Ω]에 공급되는 전력[W]은?

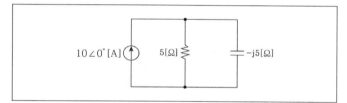

① 150

② 200

③ 250

④ 300

⑤ 350

3 어떤 전하가 100[V]의 전위차를 갖는 두 점 사이를 이동하면서 10[J]의 일을 할 수 있다면, 이 전하의 전하량은?

① 0.01[C]

② 0.1[C]

③ 1[C]

④ 10[C]

⑤ 100[C]

4 자체 인덕턴스가 각각 $L_1 = 10$[mH], $L_2 = 10$[mH]인 두 개의 코일이 있고, 두 코일 사이의 결합계수가 0.5일 때, L_1 코일의 전류를 0.1[s] 동안 10[A] 변화시키면 L_2에 유도되는 기전력의 양(절댓값)은?

① 10[mV]

② 100[mV]

③ 5[mV]

④ 50[mV]

⑤ 500[mV]

5 다음 회로에서 부하임피턴스 Z_L에 최대 전력이 전달되기 위한 Z_L[Ω]은?

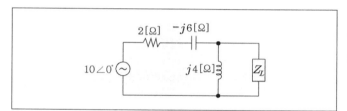

① $4\sqrt{5}$

② $4\sqrt{6}$

③ $5\sqrt{3}$

④ $6\sqrt{3}$

⑤ $6\sqrt{5}$

6 다음 직류회로에서 전류 I[A]는?

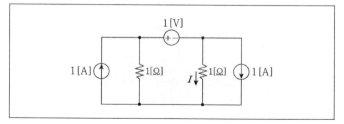

① -0.5

② 0.5

③ 1

④ -1

⑤ 2

7 다음 그림과 같은 이상적인 변압기 회로에서 최대전력전송을 위한 변압기 권선비는?

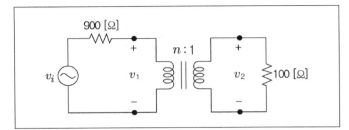

① 1 : 1

② 3 : 1

③ 6 : 1

④ 9 : 1

⑤ 10 : 1

8 기전력이 1.5[V]인 동일한 건전지 4개를 직렬로 연결하고, 여기에 10[Ω]의 부하저항을 연결하면 0.5[A]의 전류가 흐른다. 건전지 1개의 내부저항[Ω]은?

① 0.5

② 2

③ 6

④ 12

⑤ 15

9 어떤 회로에 $v(t) = 40\sin(\omega t + \theta)$[V]의 전압을 인가하면 $i(t) = 20\sin(\omega t + \theta - 30°)$[A]의 전류가 흐른다. 이 회로에서 무효전력[Var]은?

① 200

② $200\sqrt{3}$

③ 400

④ $400\sqrt{3}$

⑤ $800\sqrt{3}$

10 R, L, C 직렬공진회로에서 전압 확대율(Q)의 표현으로 옳은 것은?

① $\dfrac{1}{R\sqrt{LC}}$

② $\dfrac{1}{R}\sqrt{\dfrac{L}{C}}$

③ $\dfrac{R}{\sqrt{LC}}$

④ $R\sqrt{LC}$

⑤ $R\sqrt{\dfrac{L}{C}}$

11 히스테리시스 특성 곡선에 대한 설명으로 옳지 않은 것은?

① 히스테리시스 손실은 주파수에 비례한다.

② 곡선이 수직축과 만나는 점은 잔류자기를 나타낸다.

③ 자속밀도, 자기장의 세기에 대한 비선형 특성을 나타낸다.

④ 곡선으로 둘러싸인 면적이 클수록 히스테리시스 손실이 적다.

⑤ 히스테리시스 곡선이 가로 축과 만나는 점은 보자력을 나타낸다.

12 다음 회로에서 $t = 0[s]$일 때 스위치 S를 닫았다면 $t = \infty[s]$에서 $i_1(t)$, $i_2(t)$의 값은? (단, $t < 0[s]$에서 C 전압과 L 전압은 0[V]이다.)

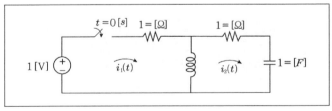

① $i_1(t) = -1[A]$, $i_2(t) = 0[A]$

② $i_1(t) = 0[A]$, $i_2(t) = -1[A]$

③ $i_1(t) = 1[A]$, $i_2(t) = 0[A]$

④ $i_1(t) = 0[A]$, $i_2(t) = 1[A]$

⑤ $i_1(t) = -1[A]$, $i_2(t) = 1[A]$

13 전압원의 기전력은 20[V]이고 내부저항은 2[Ω]이다. 이 전압원에 부하가 연결될 때 얻을 수 있는 최대 부하전력[W]은?

① 200

② 100

③ 75

④ 50

⑤ 25

14 다음 회로에서 직류전압 $V_s = 10[\mathrm{V}]$일 때, 정상상태에서의 전압 $V_c[\mathrm{V}]$와 전류 $I_R[\mathrm{mA}]$은?

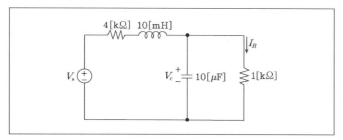

	V_c	I_R
①	8	20
②	2	20
③	8	2
④	2	2
⑤	1	1

15 다음 평형 3상 교류회로에서 선간전압의 크기 $V_L = 300[\mathrm{V}]$, 부하 $\dot{Z_P} = 12 + j9[\mathrm{Ω}]$일 때, 선전류의 크기 $I_L[\mathrm{A}]$는?

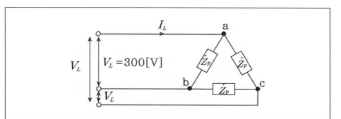

① 10

② $10\sqrt{3}$

③ 20

④ $20\sqrt{2}$

⑤ $20\sqrt{3}$

16 자극의 세기가 $2 \times 10^{-6}[\mathrm{Wb}]$, 길이가 $10[\mathrm{cm}]$인 막대자석을 $120[\mathrm{AT/m}]$의 평등 자계 내의 자계와 $30°$의 각도로 놓았을 때 자석이 받는 회전력은 몇$[\mathrm{N \cdot m}]$인가?

① 1.2×10^{-5}

② 2.4×10^{-5}

③ 1.2×10^{-3}

④ 2.4×10^{-3}

⑤ 2.4×10^{-1}

17 $e = E_m \sin(\omega t + 30°)[\mathrm{V}]$이고 $i = I_m \cos(\omega t - 60°)[\mathrm{A}]$일 때 전류는 전압보다 위상이 어떻게 되는가?

① $\dfrac{\pi}{6}[rad]$만큼 앞선다.

② $\dfrac{\pi}{6}[rad]$만큼 뒤진다.

③ $\dfrac{\pi}{3}[rad]$만큼 앞선다.

④ $\dfrac{\pi}{3}[rad]$만큼 뒤진다.

⑤ 전압과 전류는 동상이다.

18 상호 인덕턴스가 $10[\mathrm{mH}]$이고, 두 코일의 자기 인덕턴스가 각각 $20[\mathrm{mH}]$, $80[\mathrm{mH}]$일 경우 상호 유도 회로에서의 결합계수 k는?

① 0.125

② 0.25

③ 0.375

④ 0.5

⑤ 1.25

19 두 종류의 수동 소자가 직렬로 연결된 회로에 교류 전원전압 $v(t)=200\sin\left(200t+\dfrac{\pi}{3}\right)$[V]를 인가하였을 때 흐르는 전류는 $i(t)=10\sin\left(200t+\dfrac{\pi}{6}\right)$[A]이다. 이때 두 소자 값은?

① $R=10\sqrt{3}\,[\Omega],\ L=0.05\,[\mathrm{H}]$

② $R=20\,[\Omega],\ L=0.5\,[\mathrm{H}]$

③ $R=10\sqrt{3}\,[\Omega],\ C=0.05\,[\mathrm{F}]$

④ $R=20\,[\Omega],\ C=0.5\,[\mathrm{F}]$

⑤ $R=10\sqrt{3}\,[\Omega],\ C=0.5\,[\mathrm{F}]$

20 220[V]의 교류전원에 소비전력 60[W]인 전구와 500[W]인 전열기를 직렬로 연결하여 사용하고 있다. 60[W] 전구를 30[W] 전구로 교체할 때 옳은 것은?

① 전열기의 소비전력이 증가한다.

② 전열기의 소비전력이 감소한다.

③ 전열기에 흐르는 전류가 증가한다.

④ 전열기에 흐르는 전류가 감소한다.

⑤ 전열기의 소비전력은 변하지 않는다.

21 전자유도(electromagnetic induction)에 대한 설명으로 옳은 것만을 모두 고르면?

㉠ 코일에 흐르는 시변 전류에 의해서 같은 코일에 유도기전력이 발생하는 현상을 자기유도(self induction)라 한다.

㉡ 자계의 방향과 도체의 운동 방향이 직각인 경우에 유도기전력의 방향은 플레밍(Fleming)의 오른손 법칙에 의하여 결정된다.

㉢ 도체의 운동 속도가 $v[m/s]$, 자속밀도가 $B[Wb/m^2]$, 도체 길이가 $l[m]$, 도체 운동의 방향이 자계의 방향과 각(θ)을 이루는 경우, 유도기전력의 크기 $e=Blv\sin\theta\,[V]$이다.

㉣ 전자유도에 의해 만들어지는 전류는 자속의 변화를 방해하는 방향으로 발생한다. 이를 렌츠(Lenz)의 법칙이라고 한다.

---

① ㉠㉡

② ㉡㉣

③ ㉠㉢㉣

④ ㉡㉢㉣

⑤ ㉠㉡㉢㉣

22 다음 그림과 같은 회로에서 1[V]의 전압을 인가한 후, 오랜 시간이 경과했을 때 전류(I)의 크기[A]는?

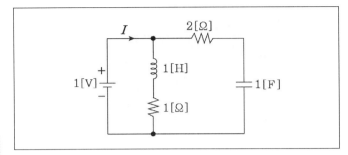

① 0.33

② 0.5

③ 0.66

④ 1

⑤ 2

23 다음 회로에서 저항 R_1의 저항값[kΩ]은?

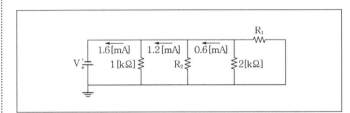

① 0.2

② 0.6

③ 1

④ 1.2

⑤ 1.6

24 $F(s)=\dfrac{2(s+2)}{s(s^2+3s+4)}$ 일 때, $F(s)$의 역 라플라스 변환(inverse Laplace transform)된 함수 $f(t)$의 최종 값은?

① $\dfrac{1}{4}$ ② $\dfrac{1}{2}$

③ $\dfrac{3}{4}$ ④ 1

⑤ $\dfrac{5}{4}$

25 다음 그림과 같은 회로에서 전류 I_s[mA]는?

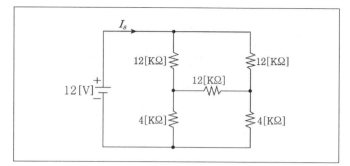

① 0.5

② 1.0

③ 1.5

④ 2.0

⑤ 2.5

26 3상 교류에 대한 설명으로 옳은 것만을 모두 고른 것은?

> ㉠ 평형 3상 △결선 회로에서 상전류는 선전류의 $\sqrt{3}$ 배이다.
> ㉡ 평형 3상 Y결선 회로에서 상전압의 위상은 선간전압의 위상보다 30°앞선다.
> ㉢ 단산 전력계 2개를 사용하면 평형 3상 회로의 전력을 측정할 수 있다.

① ㉠

② ㉢

③ ㉠㉡

④ ㉡㉢

⑤ ㉠㉡㉢

27 자장의 세기가 $\dfrac{10^4}{\pi}$[A/m]인 공기 중에서 50[cm]의 도체를 자장과 30°가 되도록 하고 60[m/s]의 속도로 이동시켰을 때의 유기기전력은?

① 20[mV]

② 30[mV]

③ 60[mV]

④ 80[mV]

⑤ 100[mV]

28 어떤 회로에 $v = 100\sqrt{2}\sin\left(120\pi t + \dfrac{\pi}{4}\right)$[V]의 전압을 가했더니 $i = 10\sqrt{2}\sin\left(120\pi t - \dfrac{\pi}{4}\right)$[A]의 전류가 흘렀다. 이 회로의 역률은?

① 0

② $\dfrac{1}{\sqrt{2}}$

③ 0.1

④ 1

⑤ $\sqrt{2}$

29 단면적이 1[cm²]인 링(Ring) 모양의 철심에 코일을 균일하게 500회 감고 600[mA]의 전류를 흘렸을 때 전체 자속이 0.2[Wb]이다. 같은 코일에 전류를 2.4[A]로 높일 경우 철심에서의 자속밀도[T]는? (단, 기자력(MMF)과 자속은 비례관계로 가정한다)

① 0.004

② 0.005

③ 0.006

④ 0.007

⑤ 0.008

30 다음 그림과 같은 평형 3상 회로에서 전체 무효전력[Var]은? (단, 전원의 상전압 실효값은 100[V]이고, 각 상의 부하임피던스 $\dot{Z} = 4 + j3$[Ω]이다.)

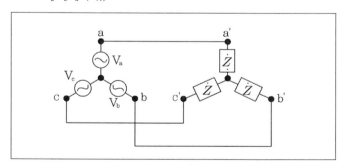

① 1,200

② 2,400

③ 3,600

④ 4,800

⑤ 6,000

31 15[F]의 정전용량을 가진 커패시터에 270[J]의 전기에너지를 저장할 때, 커패시터 전압[V]은?

① 3

② 6

③ 9

④ 12

⑤ 15

32 다음은 직렬 RL회로이다. $v(t) = 10\cos{(\omega t + 40^\circ)}$[V]이고, $i(t) = 2\cos{(\omega t + 10^\circ)}$[mA]일 때, 저항 R과 인덕턴스 L은? (단, $\omega = 2 \times 10^6$[rad/sec]이다)

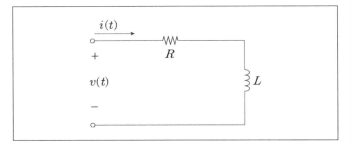

	$R[\Omega]$	$L[\text{mH}]$
①	$2,500\sqrt{3}$	1.25
②	$2,500$	1.25
③	$2,500\sqrt{3}$	12.5
④	$2,500$	12.5
⑤	$1,250\sqrt{3}$	12.5

33 다음 회로에서 출력전압 V_{XY}는?

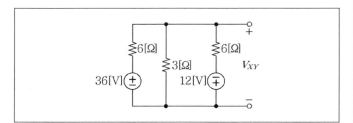

① 4[V]

② 6[V]

③ 8[V]

④ 10[V]

⑤ 12[V]

34 3[kW]의 전열기를 정격상태에서 2시간 사용하였을 때 열량 [kcal]은?

① 3,882

② 4,276

③ 4,664

④ 5,184

⑤ 5,324

35 이상적인 변압기에서 1차측 코일과 2차측 코일의 권선비가 $\dfrac{N_1}{N_2} = 10$일 때, 옳은 것은?

① 2차측 소비전력은 1차측 소비전력의 10배이다.

② 2차측 소비전력은 1차측 소비전력의 100배이다.

③ 1차측 소비전력은 2차측 소비전력의 10배이다.

④ 1차측 소비전력은 2차측 소비전력의 100배이다.

⑤ 1차측 소비전력은 2차측 소비전력과 동일하다.

36 $R - L - C$ 직렬회로에서 $R : X_L : X_C = 1 : 2 : 1$일 때, 역률은?

① $\dfrac{1}{\sqrt{2}}$

② $\dfrac{1}{2}$

③ $\sqrt{2}$

④ 1

⑤ 2

37 다음 회로에서 조정된 가변저항값이 100[Ω]일 때 A와 B 사이의 저항 100[Ω]의 양단 전압을 측정하니 0[V]일 경우, R_x[Ω]은?

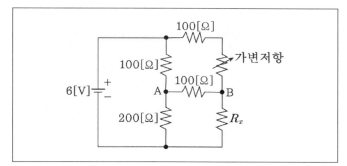

① 400

② 300

③ 200

④ 100

⑤ 50

38 진공 중에 한 점에 음전하 5[nC]가 존재하고 있다. 이 점에서 5[m] 떨어진 곳의 전기장의 세기[V/m]는?

(단, $\dfrac{1}{4\pi\epsilon_0}=9\times10^9$이고, ϵ_0는 진공의 유전율이다.)

① 1.8

② -1.8

③ 3.8

④ -3.8

⑤ -5.8

39 4[μF]와 6[μF]의 정전용량을 가진 두 콘덴서를 직렬로 연결하고 이 회로에 100[V]의 전압을 인가할 때 6[μF]의 양단에 걸리는 전압[V]은?

① 40

② 60

③ 80

④ 100

⑤ 120

40 정격전압 100[V], 2[kW]의 전열기가 있다. 소비전력이 2,420[W]라 할 때 인가된 전압은 몇 [V]인가?

① 90

② 100

③ 110

④ 120

⑤ 130

인천교통공사

기출동형 모의고사

	영 역	직업기초능력평가 전기이론
제 3 회	문항수	80문항
	시 간	90분
	비 고	객관식 5지선다형

제3회 기출동형 모의고사

✎ 직업기초능력평가

1 다음 중 언어적 의사표현능력을 향상시키기 위한 노력을 올바르게 설명하지 못한 것은?

① 각자의 목소리에는 그 사람만의 색깔과 온도가 있음을 명심하고, 내용과 상황에 따라 음성의 톤이나 억양이 동일하지 않게 들리는 일이 없도록 주의하여야 필요하다.

② 내가 아닌 상대방이 들어서 편안함을 느낄 수 있는 성량으로 말해야 한다.

③ 목소리가 듣기 좋다거나 그렇지 못하다는 것보다 얼마나 분명하고 명확한 음성으로 의사를 전달하느냐가 훨씬 중요하다.

④ 때로는 목소리가 그 사람의 내면을 알려주기도 하므로 개인의 여건과 상황에 맞는 진솔한 음성을 낼 수 있도록 노력해야 한다.

⑤ 녹음기 등으로 자신이 말하는 것을 녹음하여 들어보는 것은 음성의 결함이나 개선점 등을 찾아내는 데 효과적인 방법이다.

2 다음 글의 밑줄 친 ㉠~㉤의 한자 표기에 대한 설명으로 옳은 것은?

> 서울시는 신종 코로나바이러스 감염증 확산 방지를 위해 ㉠'다중이용시설 동선 추적 조사반'을 구성한다고 밝혔다. 의사 출신인 박○○ 서울시 보건의료정책과장은 이날 오후 서울시 유튜브 라이브 방송에 ㉡출연, 코로나바이러스 감염증 관련 대시민 브리핑을 갖고 "시는 2차, 3차 감염발생에 따라 ㉢역학조사를 강화해 조기에 발견하고 관련 정보를 빠르게 제공하려고 한다."라며 이같이 밝혔다. 박 과장은 "확진환자 이동경로 공개㉣지연에 따라 시민 불안감이 조성된다는 말이 많다."며 "더욱이 다중이용시설의 경우 확인이 어려운 ㉤접촉자가 존재할 가능성도 있다."라고 지적했다

① ㉠ '다중'의 '중'은 '삼중구조'의 '중'과 같은 한자를 쓴다.

② ㉡ '출연'의 '연'은 '연극'의 '연'과 다른 한자를 쓴다.

③ ㉢ '역학'의 '역'에 해당하는 한자는 '歷'과 '易' 모두 아니다.

④ ㉣ '지연'은 '止延'으로 쓴다.

⑤ ㉤ '접촉'의 '촉'은 '재촉'의 '촉'과 같은 한자를 쓴다.

3 다음은 ○○교통공사 공지사항 중 일부를 발췌한 것이다. 괄호 안에 들어갈 말로 가장 적절한 것을 고르면?

> ─ 1호선 신차 실물모형 품평회 참여자 공개 모집 ─
> 평소 공사에 관심을 가져 주신 시민 여러분들께 감사드리며, 도시철도의 이용 편리와 안전 확보 등을 위하여 시민을 상대로 다음과 같이 실물모형 품평회를 ( )하오니 많은 관심과 참여를 바랍니다.
> 개최일시 : 2019. 10. 31.(목) 11:00~16:30
> 장소 : ○○로템㈜ 창원공장(창원시 의창구 소재)
> 내용 : 1호선 신차 실물모형(Mock-Up) 품평회 및 제작공장 견학

① 접수

② 토론

③ 발표

④ 개최

⑤ 폐쇄

4 다음 중 외래어 표기법 규정에 맞는 것을 고르면?

① book → 북

② type → 타잎

③ market → 마켙

④ flash → 플래쉬

⑤ scrap → 스크랩

5 밑줄 친 한자어를 고유어로 풀이한 것으로 적절하지 않은 것은?

① 언어폭력을 <u>근절(根絕)</u>해야 한다. → 뿌리째 없애야

② 곳곳에서 백성들이 <u>봉기(蜂起)</u>하였다. → 세차게 일어났다

③ 나는 그의 만행을 <u>방관(傍觀)</u>하고 있었다. → 옆에서 부추기고

④ 그는 나에게 어려움을 <u>토로(吐露)</u>하였다. → 모두 털어놓았다

⑤ 그녀는 나의 의견을 <u>묵살(默殺)</u>하였다. → 못 들은 척했다

6 다음 〈보기〉를 고쳐 쓰기 위한 방안으로 옳지 않은 것은?

〈보기〉

우리나라 가구당 서적·인쇄물 구입에 지출한 돈이 월 평균 ㉠1만405원에 불과하다고 한다. 월 평균 3권 이상 읽는 인구 비율은 우리가 14.5%인 데 비해 일본은 17.7%에 달한다. 이처럼 ㉡적은 독서율로는 21세기 문화 전쟁의 시대를 이겨낼 수 없다. 문화 전쟁의 무기는 정보와 지식이고, 책이야말로 검증된 지식과 정보의 원천이기 때문이다. ㉢그러기에 책을 읽지 않는 국민에게는 미래가 없다. 정부는 독서 진흥 방안을 적극 마련해야 한다. 공공 도서관을 ㉣늘이고 양서(良書) 출판도 지원해야 한다. 학교의 ㉤독서 환경과 독서 교육을 더욱 강화해야 한다. 신문이든 책이든 읽는 사람[Reader]이 지도자[Leader]가 된다.

① ㉠ : 수(數)는 '만(萬)' 단위로 띄어 써야 하므로 '1만 405 원'으로 고친다.

② ㉡ : '비율'은 수치의 높고 낮음을 나타내므로 '낮은'으로 고친다.

③ ㉢ : 앞 문장과의 연결 관계를 고려하여 '그러나'로 고친다.

④ ㉣ : 수나 양을 늘게 한다는 뜻인 '늘리고'로 고친다.

⑤ ㉤ : 서술어와 호응이 되지 않으므로 '독서 환경을 개선하고'로 고친다.

---

7 다음 글에 제시된 의사소통의 방법 중 문서적 의사소통에 해당하지 않는 것은?

글로벌 무역 회사에서 근무하는 김 씨는 오전부터 밀려드는 업무에 정신이 없다. 오늘 독일의 거래처에서 보내온 수하물 컨테이너 수취확인서를 보내야 하고, 운송장을 작성해야 하는 일이 꼬여 국제전화로 걸려오는 수취확인 문의전화와 다른 거래처의 클레임을 받느라 전화도 불이 난다. 어제 오후 퇴근하기 전 박 대리에게 운송장을 영문으로 작성해 김 씨에게 줄 것을 메모하여 책상 위에 올려놓고 갔는데 박 대리가 못 본 모양이다. 아침에 다시 한 번 이야기했는데 박 대리는 엉뚱한 주문서를 작성해 놓고 말았다. 그래서 다시 박 대리에게 클레임 관련 메일을 보내 놓았다. 오후 회의에서 발표할 주간업무보고서를 작성해야 하는데 시간이 빠듯해서 큰일이다. 하지만 하늘은 스스로 돕는 자를 돕는다는 마음으로 김 씨는 차근차근 업무정리를 시작하였다.

① 거래처에서 보내온 수취확인서

② 업무지시 메모

③ 영문 운송장 작성

④ 수취확인 문의전화

⑤ 주간 업무보고서

---

8 다음 글에 대한 내용으로 가장 적절하지 않은 것은?

지속되는 불황 속에서도 남 몰래 웃음 짓는 주식들이 있다. 판매단가는 저렴하지만 시장점유율을 늘려 돈을 버는 이른바 '박리다매', '저가 실속형' 전략을 구사하는 종목들이다. 대표적인 종목은 중저가 스마트폰 제조업체에 부품을 납품하는 업체이다. A증권에 따르면 전 세계적으로 200달러 이하 중저가 스마트폰이 전체 스마트폰 시장에서 차지하는 비중은 2015년 11월 35%에서 지난 달 46%로 급증했다. 세계 스마트폰 시장 1등인 B전자도 최근 스마트폰 판매량 가운데 40% 가량이 중저가폰으로 분류된다. 중저가용에 집중한 중국 C사와 D사의 2분기 세계 스마트폰 시장점유율은 전 분기 대비 각각 43%, 23%나 증가해 B전자나 E전자 10%대 초반 증가율보다 월등히 앞섰다. 이에 따라 국내외 스마트폰 업체에 중저가용 부품을 많이 납품하는 F사, G사, H사, I사 등이 조명받고 있다.

주가가 바닥을 모르고 내려간 대형 항공주와는 대조적으로 저가항공주 주가는 최근 가파른 상승세를 보였다. J항공을 보유한 K사는 최근 두 달 새 56% 상승세를 보였다. 같은 기간 L항공을 소유한 M사 주가도 25% 가량 올랐다. 저가항공사 점유율 상승이 주가 상승으로 이어지는 것으로 보인다. 국내선에서 저가항공사 점유율은 2012년 23.5.%에서 지난 달 31.4%까지 계속 상승해왔다. 홍길동 ○○증권 리서치센터장은 "글로벌 복합위기로 주요국에서 저성장·저투자 기조가 계속되는 데다 개인들은 부채 축소와 고령화에 대비해야 하기 때문에 소비를 늘릴 여력이 줄었다."며 "값싸면서도 멋지고 질도 좋은 제품이 계속 주목받을 것"이라고 말했다.

① '박리다매' 주식은 F사, G사, H사, I사의 주식이다.

② 저가항공사 점유율은 계속 상승세를 보이고 있는 반면 대형 항공주는 주가 하락세를 보였다.

③ 글로벌 복합위기와 개인들의 부채 축소, 고령화 대비에 따라 값싸고 질 좋은 제품이 주목받을 것이다.

④ B전자가 주력으로 판매하는 스마트폰이 중저가 폰에 해당한다.

⑤ J항공과 L항공은 저가항공주이다.

가장 흔히 볼 수 있는 거미줄의 형태는 중심으로부터 ㉠방사형으로 뻗어 나가는 둥근 그물로, 짜임이 어찌나 완벽한지 곤충의 입장에서는 마치 빽빽하게 쳐 놓은 튼튼한 고기잡이 그물과 다름없다. 이 둥근 그물을 짜기 위해 거미는 먼저 두 물체 사이를 팽팽하게 이어주는 '다리실'을 만든다. 그다음 몇 가닥의 실을 뽑아내 별 모양으로 주변 사물들과 중심부를 연결한다.

두 번째 작업으로, 거미는 맨 위에 설치한 다리실에서부터 실을 뽑아내 거미줄의 가장자리 틀을 완성한다. 그런 후 중심과 가장자리 사이를 왔다갔다하며 세로줄을 친다. 세 번째 작업은 ㉡임시 가로줄을 치는 것이다. 이 가로줄은 거미가 돌아다닐 때 발판으로 쓰기 위한 것이기 때문에 점성이 없어 달라붙지 않고 튼튼하다. 나중에 거미줄을 완성하고 쓸모가 없어지면 다니면서 먹어 치웠다가 필요할 때 다시 뽑아내 재활용한다.

마지막으로 영구적이고 끈끈한 가로줄을 친다. 중심을 향해 가로줄을 친 후 다시 바깥쪽으로 꼼꼼히 치기도 하면서 끈끈하고 ㉢탄력 있는 사냥용 거미줄을 짠다. 거미는 돌아다닐 때 이 가로줄을 밟지 않으려고 각별히 조심한다고 한다. 거미의 발끝에 기름칠이 되어 있어 이 실에 달라붙지 않는다는 설도 있다. 이렇게 거미줄을 완성하면 거미는 가만히 앉아 먹잇감을 기다리기만 하면 된다. 거미줄을 완성하는 데 걸리는 시간은 한 시간 반이 안 되며 사용되는 실의 길이는 최대 30미터다.

거미줄은 거미와 곤충 사이에 벌어지는 끊임없는 ㉣생존 경쟁이 낳은 진화의 산물이다. 일례로 그물을 이루는 견사(실)는 눈에 거의 띄지 않게끔 진화했다. 그래서 1초에 자기 몸길이의 57배만큼 날아가는 초파리의 경우, 몸길이의 세 배 거리까지 접근하기 전에는 눈앞의 재앙을 ㉤감지하지 못한다.

9 윗글을 통해 알 수 있는 내용으로 적절하지 않은 것은?

① 거미줄 치기의 첫 번째 작업은 다리실을 만드는 것이다.

② 거미는 이동을 위해 점성이 없는 임시 가로줄을 친다.

③ 사냥용 거미줄은 거미가 돌아다닐 때 발판으로 쓰인다.

④ 거의 눈에 띄지 않는 거미줄은 생존을 위해 진화된 결과이다.

⑤ 초파리의 몸길이가 1mm라면, 거미줄이 3mm 이내에 접근해야 감지할 수 있다.

10 ㉠~㉤의 사전적 의미로 적절하지 않은 것은?

① ㉠ 방사형 : 중앙의 한 점에서 사방으로 뻗어나간 모양

② ㉡ 임시 : 미리 얼마 동안으로 정하지 않은 잠시 동안

③ ㉢ 탄력 : 용수철처럼 튀거나 팽팽하게 버티는 힘

④ ㉣ 생존 : 살아남음

⑤ ㉤ 감지 : 감추어진 사실을 깊이 살피어 조사하는 것

11 업무를 수행할 때 활용하는 통계를 작성함으로써 얻을 수 있는 이점이 아닌 것은?

① 통계는 많은 수량적 자료를 처리가능하고 쉽게 이해할 수 있는 형태로 축소한다.

② 표본을 통해 연구대상 집단의 특성을 유추할 수 있다.

③ 의사결정의 보조수단으로 활용할 수 있다.

④ 어떤 사람의 재산, 한라산의 높이 등 어떤 개체에 관한 구체적 사항을 알 수 있다.

⑤ 관찰 가능한 자료를 통해 논리적으로 어떠한 결론을 추출, 검증할 수 있다.

12 다음은 대표적인 단위를 환산한 자료이다. 환산 내용 중 올바르지 않은 수치가 포함된 것은?

단위	단위환산
길이	1cm = 10mm, 1m = 100cm, 1km = 1,000m
넓이	1cm² = 100mm², 1m² = 10,000cm², 1km² = 1,000,000m²
부피	1cm³ = 1,000mm³, 1m³ = 1,000,000cm³, 1km³ = 1,000,000,000m³
들이	1mℓ = 1cm³, 1dℓ = 1,000cm³ = 100mℓ, 1ℓ = 100cm³ = 10dℓ
무게	1kg = 1,000g, 1t = 1,000kg = 1,000,000g
시간	1분 = 60초, 1시간 = 60분 = 3,600초
할푼리	1푼 = 0.1할, 1리 = 0.01할, 모 = 0.001할

① 부피　　　　　　② 들이

③ 무게　　　　　　④ 시간

⑤ 할푼리

13 다음 나열된 숫자의 규칙을 찾아 빈칸에 들어가기 적절한 수를 고르면?

| | 3　8　14　25　37　54　(　　) |

① 65
② 67
③ 72
④ 77
⑤ 82

14 △△ 인터넷 사이트에 접속하기 위한 비밀번호의 앞 세 자리는 영문으로, 뒤 네 자리는 숫자로 구성되어 있다. △△ 인터넷 사이트에 접속하려 하는데 비밀번호 끝 두 자리가 생각나지 않아서 접속할 수가 없다. 기억하고 있는 사실이 다음과 같을 때, 사이트 접속 비밀번호를 구하면?

㉠ 비밀번호 :	a	b	c	4	2	?	?

㉡ 네 자리 숫자의 합은 15
㉢ 맨 끝자리의 숫자는 그 바로 앞자리 수의 2배

① abc4200
② abc4212
③ abc4224
④ abc4236
⑤ abc4248

15 아버지는 일생의 6분의 1이 지나 청년이 되었고, 그 후 12분의 1이 지나 수염이 자랐으며 다시 7분의 1이 지나 결혼하였다. 5년 후 낳은 아들이 일생의 아버지 나이의 꼭 절반을 살고, 아들이 죽은 지 4년 만에 아버지는 세상을 떠났다. 다음 중 아버지가 세상을 떠났을 때의 나이는 얼마인가?

① 74세
② 84세
③ 90세
④ 94세
⑤ 95세

16 어느 제과점에서는 간식으로 먹을 수 있는 서로 다른 4개의 빵과 서로 다른 2개의 쿠키를 판매하고 있다. 이 제과점에서 임의로 간식 2개를 산다고 할 때 모두 쿠키일 확률은?

① $\frac{1}{6}$
② $\frac{1}{12}$
③ $\frac{1}{15}$
④ $\frac{1}{20}$
⑤ $\frac{1}{30}$

17 사과, 배, 포도, 귤, 감 5종류의 과일과 배추, 오이, 당근 3종류의 채소가 있다. 이 중에서 과일 2개, 채소 2개를 선택하는 경우는 몇 가지인가?

① 50가지
② 40가지
③ 30가지
④ 20가지
⑤ 10가지

18 다음 표는 직육면체 형태를 가진 제빙기 A~H에 관한 자료이다. 다음 자료에 대한 설명으로 옳은 것은?

제빙기	1일 생산량 (kg)	저장량 (kg)	길이(mm)			냉각 방식	생산가능 얼음형태
			가로	세로	높이		
A	46	15	663	506	690	공랭식	사각
B	375	225	560	830	1,785	수랭식	가루
C	100	55	704	520	1,200	수랭식	사각
D	620	405	1,320	830	2,223	수랭식	반달
E	240	135	560	830	2,040	수랭식	사각
F	120	26	640	600	800	공랭식	가루
G	225	130	560	830	1,936	수랭식	반달
H	61	26	633	506	850	수랭식	사각

※ 바닥면적 = 가로 × 세로

① 공랭식 제빙기 중 1일 생산량이 가장 큰 것은 D이다.
② 냉각방식이 공랭식인 제빙기 중에 냉각방식이 수랭식인 제빙기보다 1일 생산량이 큰 제빙기는 없다.
③ 높이가 2m 이상인 제빙기 중 가루 형태의 얼음을 생산할 수 있는 제빙기는 없다.
④ 바닥면적이 가장 큰 제빙기는 G이다.
⑤ 1일 생산량이 100kg 이상인 제빙기는 저장량 또한 100kg 이상이다.

■ 19~20 ■ 다음 자료를 보고 이어지는 물음에 답하시오.

〈가정용 정화조에서 수집한 샘플의 수중 질소 성분 농도〉

(단위 : mg/L)

항목 / 샘플	총질소	암모니아성 질소	질산성 질소	유기성 질소	TKN
A	46.24	14.25	2.88	29.11	43.36
B	37.38	6.46	( )	25.01	( )
C	40.63	15.29	5.01	20.33	35.62
D	54.38	( )	( )	36.91	49.39
E	41.42	13.92	4.04	23.46	37.38
F	( )	( )	5.82	( )	34.51
G	30.73	5.27	3.29	22.17	27.44
H	25.29	12.84	( )	7.88	20.72
I	( )	5.27	1.12	35.19	40.46
J	38.82	7.01	5.76	26.05	33.06
평균	39.68	( )	4.34	( )	35.34

※ 총질소 농도 = 암모니아성 질소 농도 + 질산성 질소 농도 + 유기성 질소 농도

※ TKN 농도 = 암모니아성 질소 농도 + 유기성 질소 농도

19 다음 중 위의 자료에 대한 올바른 설명을 〈보기〉에서 모두 고른 것은?

〈보기〉

㉠ 샘플 A의 총질소 농도는 샘플 I의 총질소 농도보다 높다.

㉡ 샘플 B의 TKN 농도는 30mg/L 이상이다.

㉢ 샘플 B의 질산성 질소 농도는 샘플 D의 질산성 질소 농도보다 낮다.

㉣ 샘플 F는 암모니아성 질소 농도가 유기성 질소 농도보다 높다.

① ㉠㉡   ② ㉠㉢
③ ㉡㉢   ④ ㉠㉢㉣
⑤ ㉡㉢㉣

20 각각의 샘플 중 총질소 농도와 질산성 질소 농도 모두 평균값보다 낮은 샘플의 수는 얼마인가?

① 0   ② 1
③ 2   ④ 3
⑤ 4

21 업무상 발생하는 문제를 해결하기 위한 5단계 절차를 다음과 같이 도식화하여 나타낼 수 있다. 빈칸 (가)~(다)에 들어갈 말이 순서대로 올바르게 나열된 것은?

1. (가) ▶ 2. (나) ▶ 3. (다) ▶ 4. 해결안 개발 ▶ 5. 실행 및 평가

① 원인 분석, 문제 인식, 문제 도출
② 문제 인식, 원인 분석, 문제 도출
③ 문제 도출, 원인 분석, 문제 인식
④ 문제 도출, 문제 인식, 원인 분석
⑤ 문제 인식, 문제 도출, 원인 분석

22 다음 항목들 중 비판적 사고를 개발하기 위한 태도로 적절한 것들로 짝지어진 것은?

• 브레인스토밍
• 결단성
• 비교 발상법
• 지적 호기심
• 생각하는 습관
• 타인에 대한 이해
• 다른 관점에 대한 존중

① 결단성, 지적 호기심, 다른 관점에 대한 존중
② 생각하는 습관, 타인에 대한 이해, 다른 관점에 대한 존중
③ 비교 발상법, 지적 호기심, 생각하는 습관
④ 브레인스토밍, 지적 호기심, 타인에 대한 이해
⑤ 브레인스토밍, 다른 관점에 대한 존중

23 다음 중 환경 분석의 방법으로 사업 환경을 구성하고 있는 자사, 경쟁사, 고객에 대한 분석방법은?

① SWOT 분석
② 3C 분석
③ 목표 분석
④ 심층면접 분석
⑤ 결과 분석

24 다음 빈칸에 들어가기 적절한 것끼리 묶인 것은?

> 문제해결과정 중 가장 먼저 해야 될 일은 해결해야 할 문제를 인식하는 일이다. 그러나 문제를 인식하기 위해서는 현상에 만족하지 않고 전향적인 자세로 개선을 하고자 하는 (　　　) 와/과 (　　　)이/가 있어야 한다.

① 문제의식 – 의욕
② 문제의식 – 기술
③ 문제해결능력 – 방법
④ 문제해결능력 – 기술
⑤ 문제처리능력 – 목표

25 다음 명제가 모두 참이라고 할 때, 반드시 참인 명제는?

> • 甲이 축구를 하면 乙은 야구를 한다.
> • 乙이 야구를 하면 丙은 농구를 한다.
> • 丙이 농구를 하면 丁은 배구를 한다.

① 丁이 배구를 하면 乙이 야구를 한다.
② 丁이 배구를 하면 丙은 농구를 한다.
③ 丙이 농구를 하면 甲이 축구를 한다.
④ 丁이 배구를 하지 않으면 甲이 축구를 하지 않은 것이다.
⑤ 乙이 야구를 하지 않으면 甲이 축구를 한 것이다.

26 서원상회는 많은 사과 산지들 중 산지 A, B, C, D, E를 예비 후보로 선정했다. 다음의 내용이 모두 참일 때, 반드시 선택되는 산지의 수는? (단, 이 외의 다른 산지가 선택될 가능성은 없다.)

> ㉠ 산지 A가 선택되면 산지 C도 선택된다.
> ㉡ 산지 A가 선택되지 않으면 B와 E도 선택되지 않는다.
> ㉢ 산지 C가 선택되면 D가 선택되거나, A가 선택되지 않는다.
> ㉣ 산지 B가 선택되지 않으면 A는 선택되고, C는 선택되지 않는다.

① 1개
② 2개
③ 3개
④ 4개
⑤ 5개

27 민경이는 다음 주 중에 열릴 세미나의 요일을 잊어버려 팀원들에게 물어봤더니 한 사람을 제외한 모든 사람들이 거짓말로 대답해 주었다. 세미나가 열리는 요일은 무슨 요일인가?

> 미진 : 세미나는 월요일 또는 수요일에 열릴 거야.
> 가영 : 세미나는 수요일이야.
> 민호 : 저번 달에 열린 세미나도 금요일이었잖아. 이번 세미나도 금요일이야.
> 태민 : 나도 잘 모르겠는걸. 하지만 목, 금은 아니었어.
> 수진 : 세미나 다음 날은 토요일이라 쉴 수 있잖아요.

① 월요일
② 화요일
③ 수요일
④ 목요일
⑤ 금요일

28 다음은 세라믹 코팅 쿡웨이, 내열자기, 도마 등의 제품을 생산 및 판매하는 주방용품 전문기업에 대한 SWOT 분석이다. 위협 요인에 작성한 내용 중 잘못된 것은?

강점	약점
• 주력제품 시장 점유율 상위 • 원스톱 생산 시스템 구축 • 우수한 디자인 • 중국 하이닝 생산 공장 건설 • 자체 R&D센터 보유	• 약한 브랜딩 • 비효율적인 채널 관리 • R&D에 비해 약한 마케팅 • 가이드라인이 없는 CS • 수출 국가 수에 비해 상대적으로 적은 매출
기회	위협
• 글로벌 인구 트렌드의 변화 • 중소기업과 스타트업의 협업 장려 • 중국 고객의 한국 주방용품, 친환경 유아용품 수요 증가	① 세계 경제의 불황 ② 소비자들의 품질 인증 불신 ③ 배달 시장의 범위 확장 ④ 국내 주방 용품 시장 포화 ⑤ 전문 주방용품에 대한 소비자 관심

〈도시철도 운임〉

㉠ 승차권
- 종이승차권 : 1회권, 2회권 / 일반용, 청소년용, 다자녀가 정·어린이용
- 교통카드 : 일반용, 청소년용, 어린이용
- 정기승차권 : 1일권, 7일권, 1개월권(동해선, 부산김해경전 철 등 타 교통수단 이용불가)

㉡ 운임제도(이동구간제)
- 1구간 : 출발역에서 10km까지
- 2구간 : 출발역에서 10km 이상

㉢ 운임표
- 교통카드/종이승차권

구분	교통카드			종이승차권		
	어른	청소년	어린이	어른	청소년	다자녀 가정·어린이
1구간	1,300원	1,050원	650원	1,400원	1,150원	700원
2구간	1,500원	1,200원	750원	1,600원	1,300원	800원

- 어른 : 만19세 이상, 청소년 : 만13세 이상 ~ 만18세 이하, 어린이(할인) : 만6세 이상 ~ 만12세 이하, 초등학생 또는 부산시 거주 다자녀 가정 구성원
- 무임(우대권 발급)
  * 경로우대자(만65세 이상), 장애인(1-3급 경우 보호자 1인 포함)
  * 국가유공자(1-7급), 독립유공자, 5·18민주유공자 : 1급은 보호자 1인 포함

- 정기승차권

구분	운임	이용안내
1일권	5,000원	발매당일 구간 및 횟수제한 없이 사용
7일권	21,000원	7일간 구간제한 없이 20회까지 사용
1개월권	60,000원	30일간 구간제한 없이 60회까지 사용

- 반환 시에는 사용횟수를 적용 산출한 금액과 수수료 공제 후 반환
- 반환금액 = 정기승차권 보충금액 - (1구간 교통카드요금 × 사용횟수) - 100원
- 보충일로부터 1개월권은 30일, 7일권은 7일이 경과한 경우 반환 금액이 없습니다.

- 단체승차권(20인 이상)

할인율(교통카드 기준)			비고
어른	청소년	어린이	
10%	10%	10%	종이권 기준 18~20% 할인

- 주문제승차권 : 액면금액의 15% 할인
- 정액승차권(5,000원부터) 30매 이상, 종이승차권 200매 이상

〈환승운임〉

㉠ 도시철도(1구간) ⇔ 일반버스 환승

고객별	도시철도 → 일반버스		일반버스→도시철도	
	도시철도	일반버스	일반버스	도시철도
어른	1,300원	0원	1,200원	100원
청소년	1,050원	0원	800원	250원
어린이	650원	0원	350원	300원

※ 도시철도 2구간 이용할 경우, 추가운임 부과(어른 200원, 청소년 150원, 어린이 100원)

㉡ 도시철도(1구간) ⇔ 동해선(1구간)환승

고객별	도시철도 → 동해선		동해선→도시철도	
	도시철도	동해선	동해선	도시철도
어른	1,300원	0원	1,300원	0원
청소년	1,050원	0원	1,050원	0원
어린이	650원	0원	650원	0원

※ 도시철도 2구간 동해선 2구간 이용할 경우, 추가운임 부과(어른 200원, 청소년 150원, 어린이 100원)

29 다음 자료를 참고할 때 옳지 않은 설명은?

① 승차권은 종이승차권, 교통카드, 정기승차권 등이 있다.
② 국가유공자 6급에 해당하는 사람은 무임으로 승차할 수 있다.
③ 성인이 7일권을 6회 사용했다면 반환금액은 13,200원이다.
④ 교통카드의 단체승차권 할인율은 어른, 청소년, 어린이 모두 같다.
⑤ 이동구간이 15km라면 2구간 운임이 적용된다.

30 다음 〈보기〉 각각의 상황에 알맞은 총 운임이 올바르게 짝지 어진 것은?

〈보기〉
㉠ 민정이 고등학생인 아들과 함께 일반버스를 탄 후 환승하여 도시철도 2구간을 이용한 경우
㉡ 중학교 3학년인 동식이가 친구 3명과 함께 동해선 1구간에서 환승하여 도시철도 1구간을 이용한 경우

	㉠	㉡
①	2,500	4,200
②	2,700	4,200
③	2,700	5,800
④	3,000	5,800
⑤	3,000	5,800

31 기술이란 물리적인 것뿐만 아니라 사회적인 것으로서, 지적인 도구를 특정한 목적에 사용하는 지식체계를 의미한다. 다음 중 이러한 기술에 대한 설명으로 옳지 않은 것은?

① 기술 중 know-how는 특허권을 얻은 과학자, 엔지니어 등이 가지고 있는 체화된 기술로 어떻게 기술이 성립하고 작용하는가에 관한 원리적 측면에 중심을 두었다.

② 기술은 원래 know-how 개념이 강했으나 점차 know-why 가 결합하게 되었다.

③ 현대적 기술은 주로 과학을 기반으로 하는 기술로 이루어져 있다.

④ 제품이나 용역을 생산하는 원료, 생산공정, 생산방법, 자본재 등에 관한 지식의 종합을 기술이라 한다.

⑤ know-how는 경험적이고 반복적인 행위에 의해 얻어진다.

32 기술무역(Technology Trade)은 기술지식과 기술서비스 등과 관련된 국제적·상업적 비용의 지출 및 수입이 있는 거래를 지칭하는 것으로 특허 판매 및 사용료, 발명, 노하우의 전수, 기술지도, 엔지니어링 컨설팅, 연구개발 서비스 등이 여기에 포함된다. 다음 중 기술무역에 대한 설명으로 옳지 않은 것은?

① 국가 간 기술 흐름과 해당 국가의 기술 및 산업구조 변화를 측정하는 중요한 지표로 활용될 수 있다.

② 기술무역을 통해 개발도상국의 경우 선진기술을 도입하고 흡수하여 자체개발 능력을 확충하고 산업구조를 고도화시켜 나갈 수 있다.

③ 기술개발의 결과물은 곧바로 상품수출로 이어질 수 있어 빠른 이익 창출을 기대할 수 있는 효과적인 무역 방법이다.

④ 우리나라는 외국의 선진기술을 빠르게 도입하여 상품을 제조·수출하여 발전해 왔으므로 기술무역수지 적자가 상품무역 흑자에 기여하는 측면이 있다.

⑤ 글로벌 기업의 경우 해외 생산 및 판매 거점을 만들면서 본국으로부터의 기술과 노하우의 이전 과정을 통해 부가가치를 창출할 수 있다.

33 다음 글의 (개), (내)에서 설명하고 있는 미래 정보화 사업의 핵심 기술 (A)와 (B)를 순서대로 바르게 짝지은 것은?

> (개) (A)는(은) 인공지능, 데이터 기술이 전 산업 분야에 적용돼 경제, 사회 구조의 근본적 변화를 촉발하는 4차 산업혁명의 근간을 이루는 핵심 인프라로, 산업구조의 지능화와 효율화에 큰 영향을 미치고 있다. 산업계뿐만 아니라 최근 들어 국민 편의를 높이고 사회 문제를 해결해야 한다는 인식이 사회 전반으로 확산됨에 따라 이를 적극 활용해야 한다는 목소리가 높아지고 있다. 행정안전부는 '유능한 정부' 구현을 위해 정책 과정에서 적극적으로 이를 활용하고 사회 현안 해결과 공공서비스 혁신을 위해 방대한 양의 정보를 기반으로 하는 정책 결정이 가능한 체계를 구축하고자 노력하고 있다.
>
> (내) 알파고의 등장은 컴퓨터가 사람의 직관을 흉내내는 일까지도 가능할 수 있음을 보여준 사건이 되었다. 구글은 e-메일에 간단한 답변을 자동으로 응답하는 Smart reply 시스템을 영어와 중국어 버전으로 개발하여 상용화하기도 하였으며, 네덜란드의 Rechtwijzer 서비스는 머신러닝을 이용해 이혼과 같은 개인 간 법률 분쟁을 조정하는 솔루션을 제공하기도 한다. 이러한 인공지능의 등장을 가능케 하는 (B)는(은) '컴퓨터가 마치 사람처럼 생각하고 배울 수 있도록 하는 기술'을 의미한다.

① 클라우드, 빅데이터

② 빅데이터, 딥 러닝

③ 사물 인터넷, 클라우드

④ 사물 인터넷, 빅데이터

⑤ 딥 러닝, 클라우드

34 다음 〈보기〉에 제시된 '대한물산'의 경우는 새로운 기술을 바탕으로 시장에 진입한 비즈니스 사례이다. 기술 선택을 함에 있어 유의해야 할 몇 가지의 항목 중 A사가 보다 유념했어야 할 것으로 가장 적절한 것은?

> 대한물산은 번뜩이는 기술팀의 아이디어로 기존에 어느 경쟁사도 생각하지 못한 고품질 차량용 플라스틱 스마트폰 거치대를 개발하였다. 스마트폰 시장의 확산 속도를 감안했을 때, 대한물산 제품이 시장에 미칠 엄청난 영향은 불을 보듯 뻔한 일로 여겨졌다. 대한물산은 시장을 선점하게 된 기쁨에 빠진 나머지 특허나 기술 보안 등 별다른 조치를 취하지는 않았지만 이후 단기간에 급속도의 매출 신장을 이루어냈다.

① 쉽게 구할 수 없는 기술인가?

② 이익 창출 잠재력이 큰 기술인가?

③ 제품의 성능이나 원가에 미치는 영향력이 큰 기술인가?

④ 기술력만큼 시장성이 확보되어 있는가?

⑤ 기업 간 모방이 어려운 기술인가?

35 다음은 TV 사용설명서의 일부 내용이다. 언급된 '스마트 허브'에 대한 설명을 바르게 이해하지 못한 것은?

〈스마트 허브란?〉
스마트 허브에서 인터넷을 검색하거나 다양한 앱을 설치해 사용할 수 있고 외부 저장 매체에 저장된 사진, 동영상을 보거나 음악을 감상하는 등 다양한 기능을 사용할 수 있습니다.

〈스마트 허브 실행하기〉

TV	스마트 허브를 종료하고 방송 화면으로 돌아갑니다.
앱스	스마트 허브에서 제공되는 뉴스, 스포츠, 날씨, 게임 등 다양한 앱을 설치해 스마트폰이나 태블릿에서 사용하듯이 TV에서 사용할 수 있습니다.
스피커	블루투스로 연결된 모바일 기기에서 재생 중인 음악을 TV로 들을 수 있습니다.
사진	USB 기기에 저장된 사진을 슬라이드 쇼로 재생해 디지털 앨범으로 사용할 수 있습니다.
시간	시계 화면이 나타나 디지털시계로 사용할 수 있습니다.

• 자동으로 스마트 허브 실행하기
-메뉴 > 계속 > 스마트 허브 > 자동 실행 설정 > 스마트 허브 버튼 누름
-TV가 켜질 때 스마트 허브의 자동 실행 여부를 설정할 수 있습니다.
  * 스마트 허브의 연결 상태 확인하기
• 메뉴 > 계속 > 고객 지원 > 자가 진단 > 스마트 허브 연결 테스트 버튼 누름
-스마트 허브가 원활하게 연결되지 않거나 서비스에 문제가 있을 경우 스마트 허브 연결 테스트를 선택하세요. 인터넷 연결 상태, 인터넷 통신사(ISP) 및 앱스 서비스 등을 점검해 스마트 허브의 연결 상태를 진단할 수 있습니다.

〈스마트 허브 초기화하기〉
• 메뉴 > 계속 > 스마트 허브 > 스마트 허브 초기화 버튼 누름
-TV에 저장된 계정 정보, 계정과 연동된 서비스 계정 정보, 설치된 앱 등 스마트 허브에 저장된 정보나 설치된 앱을 모두 초기화할 수 있습니다.

---

① 스마트 허브에서는 동영상을 실행하여 시청할 수도 있다.
② 스마트 허브의 기능을 조작하기 위해서는 메뉴의 '계속' 버튼을 눌러서 시작한다.
③ 스마트 허브는 별도의 인터넷 연결 없이도 TV 수신 신호를 통해 온라인 접속이 가능하다.
④ TV를 켤 때 스마트 허브가 자동으로 실행되게 설정할 수도 있다.
⑤ 스마트 폰에 내장된 음악을 TV를 통해서 듣기 위해서는 블루투스 기능이 이용된다.

36 다음은 어느 해의 산업재해로 인한 사망사고 건수이다. 다음 중 산업재해 사망건수에 가장 큰 영향을 끼치는 산업재해의 기본적 원인은?

〈표〉 20XX년도 산업재해 사망사고 원인별 분석

산업재해 발생원인	건수
작업준비 불충분	162
유해 · 위험작업 교육 불충분	76
건물 · 기계 · 장치의 설계 불량	61
안전 지식의 불충분	46
안전관리 조직의 결함	45
생산 공정의 부적당	43

① 기술적 원인
② 교육적 원인
③ 작업 관리상 원인
④ 불안전한 행동
⑤ 불안전한 상태

37 아이디어 단계에서부터 시작하여 상업화 단계에 이르기까지 기술혁신의 전 과정이 성공적으로 수행되기 위해서는 다섯 가지 핵심적인 역할이 혁신에 참여하는 핵심 인력들에 의해 수행되어야 한다. 다음과 같은 혁신 활동을 수행하는 역할들에게 필요한 자질과 능력으로 가장 옳은 것은?

• 혁신에 대한 격려와 안내
• 불필요한 제약에서 프로젝트 보호
• 혁신에 대한 자원 획득을 지원

---

① 각 분야의 전문지식
② 아이디어의 응용에 관심
③ 업무 수행 방법에 대한 지식
④ 원만한 대인 관계 능력
⑤ 조직의 주요 의사결정에 대한 영향력

38 왼쪽의 상태에서 스위치를 두 번 눌렀더니 오른쪽과 같은 상태로 바뀌었다. 다음의 표를 참고할 때, 어떤 스위치를 눌렀는가?

ㄱ ᦢ ∧ ㄷ → ㄷ ∧ ᦢ ㄱ

스위치	기능
☆	1번과 2번 기계의 위치를 교체
★	1번과 3번 기계의 위치를 교체
○	1번과 4번 기계의 위치를 교체
●	2번과 3번 기계의 위치를 교체
◇	2번과 4번 기계의 위치를 교체
◆	3번과 4번 기계의 위치를 교체
□	1번과 3번 기계를 시계방향으로 90˚ 회전
■	2번과 3번 기계를 시계방향으로 90˚ 회전
△	1번과 4번 기계를 시계방향으로 90˚ 회전
▲	2번과 4번 기계를 시계방향으로 90˚ 회전

1번 기계 : ㄱ 2번 기계 : ᦢ 3번 기계 : ∧ 4번 기계 : ㄷ
※ 각각의 기계가 회전한 모양도 같은 기계로 간주

① ○, ●
② □, ▲
③ ☆, ★
④ ◇, ◆
⑤ ●, ◆

▌39~40▐ 다음은 지하철 대형사고 위기대응 실무매뉴얼의 일부를 참고하여 물음에 답하시오.

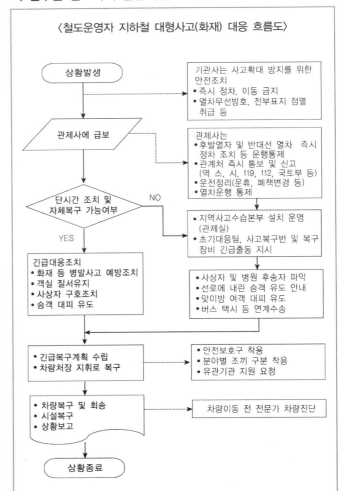

〈철도운영자 지하철 대형사고(화재) 대응 흐름도〉

상황발생

기관사는 사고확대 방지를 위한 안전조치
• 즉시 정차, 이동 금지
• 열차무선방호, 전부표지 점멸 취급 등

관제사에 급보

관제사는
• 후발열차 및 반대선 열차 즉시 정차 조치 등 운행통제
• 관계처 즉시 통보 및 신고 (역 소, 시, 119, 112, 국토부 등)
• 운전정리(운휴, 폐책변경 등)
• 열차운행 통제

단시간 조치 및 자체복구 가능여부 — NO

• 지역사고수습본부 설치 운영 (관제실)
• 초기대응팀, 사고복구반 및 복구장비 긴급출동 지시

YES

긴급대응조치
• 화재 등 병발사고 예방조치
• 객실 질서유지
• 사상자 구호조치
• 승객 대피 유도

• 사상자 및 병원 후송자 파악
• 선로에 내린 승객 유도 안내
• 맞이방 여객 대피 유도
• 버스 택시 등 연계수송

• 긴급복구계획 수립
• 차량처장 지휘로 복구

• 안전보호구 착용
• 분야별 조끼 구분 착용
• 유관기관 지원 요청

• 차량복구 및 회송
• 시설복구
• 상황보고

차량이동 전 전문가 차량진단

상황종료

<지하철 대형사고(화재) 발생 시 부서별 임무 및 역할>

부서(반)	임무 및 역할	비고
공보지원반	• 정부의 사태수습상황, 대국민 협조사항 등 대국민 홍보	• 홍보담당관실
현장대응지휘반	• 인명구조·구호 지원, 현장 경찰 통제선 설치 및 질서유지 • 피해최소화를 위한 안전조치와 2차사고 방지 조치 점검 • 사고대응 및 복구 협조·지원·독려 등 • 사고 수습 상황 중앙사고수습본부 보고 • 사상자 및 유가족 애로사항 해소 지원	• 철도운행안전과장, 철도안전감독관, 철도경찰
총괄상황반	• 위기상황 접수·확인, 보고·전파 • 중앙사고수습본부 설치·운영 및 비상근무체계 확립 • 현장대응지휘반 및 현장 사고대책본부 등 연락 및 지원 • 대내외 수시보고 및 일상보고 • 재난방송 요청, 사상자 호송병원 직원 배치 • 정부의 사태수습상황, 대국민 협조사항 등 대국민 홍보 보도자료 작성	• 철도운행안전과 • 철도운행안전과 • 철도운행안전과 • 철도운행안전과 • 철도시설안전과 • 철도안전정책과
보상지원반	• 피해자 유가족 애로사항 해소 지원 • 보상협의처리·지원 • 총괄상황반 지원 및 기타 지시사항 처리	• 철도정책과
복구지원반	• 사고현황 파악 및 복구지원 활동 • 유관기관 등의 현장지원 상황 파악 및 지원 요구 • 복구장비 회사 현황 파악 및 적극적인 지원유도	• 철도건설과
대외협력반	• 관계부처 및 유관기관 협조 및 지원·연락체계 유지 • 민심동향 등 여론정보 수집 및 언론보도 모니터링	• 철도운영과
수송대책반	• 운행중단구간 대체교통수단 시행 지원 • 사고지역 지하철, 마을·시내버스 연장·증회운행, 택시부제 해제 등 비상수송대책 지원·협조 요청	• 광역도시철도과

39 다음 중 지하철 대형사고(화재)의 발생 시 대응으로 옳지 않은 것은?

① 철도운영자는 화재사고 발생 시 관제사에 급보해야 한다.

② 기관사는 사고확대 방지를 위한 안전조치를 실시한다.

③ 관제사는 후발열차 및 반대선 열차를 즉시 정차하도록 조치하고 운행을 통제해야 한다.

④ 철도운영자는 자체복구가 불가능할 때는 긴급대응조치를 실시한다.

⑤ 철도운영자는 사상자 및 병원 후송자 파악, 선로에 내린 승객 유도 안내 등을 마친 후 긴급복구계획을 수립한다.

40 다음 중 지하철 대형사고(화재) 발생 시 부서별 임무에 대한 설명으로 옳지 않은 것은?

① 홍보담당관실에서는 피해최소화를 위한 안전 조치와 2차 사고 방지 조치를 점검해야 한다.

② 현장대응 지휘반은 철도운행안전과장, 철도안전감독관, 철도경찰로 구성된다.

③ 철도건설과에서는 복구장비 회사 현황 파악 및 적극적인 지원을 유도한다.

④ 광역도시철도과는 수송대책반으로서 운행중단구간 대체교통수단 시행을 지원한다.

⑤ 철도운영과는 민심동향 등 여론정보 수집 및 언론보도 모니터링을 실시한다.

1 다음 설명 중 옳은 것을 모두 고르면?

> 가. 부하율 : 수용가 또는 변전소 등 어느 기간 중 평균 수요
> 전력과 최대 수요전력의 비를 백분율로 표시한 것
> 나. 수용률 : 어느 기간 중 수용가의 최대 수요전력과 사용전기
> 설비의 정격용량[W]의 합계의 비를 백분율로 표시한 것
> 다. 부등률 : 하나의 계통에 속하는 수용가의 각각의 최대 수요
> 전력의 합과 각각의 사용전기설비의 정격용량[W]의 합의 비

① 가, 나   ② 가, 다
③ 나, 다   ④ 가, 나, 다
⑤ 없음

2 직각좌표계의 진공 중에 균일하게 대전되어 있는 무한 $y-z$ 평면 전하가 있다. x축 상의 점에서 r만큼 떨어진 점에서의 전계 크기는?

① r^2에 반비례한다.   ② r^2에 비례한다.
③ r에 반비례한다.   ④ r에 비례한다.
⑤ r과 관계없다.

3 전압과 전류의 순싯값이 다음과 같이 주어졌을 때 교류 회로의 특성에 대한 설명으로 옳은 것은?

$$v(t) = 200\sqrt{2}\sin\left(\omega t + \frac{\pi}{6}\right)[\text{V}]$$

$$i(t) = 10\sin\left(\omega t + \frac{\pi}{3}\right)[\text{A}]$$

① 전압의 실횻값은 $200\sqrt{2}$ [V]이다.
② 전압의 파형률은 1보다 작다.
③ 전류의 파고율은 10이다.
④ 위상이 $30°$ 앞선 진상 전류가 흐른다.
⑤ 전압의 최댓값은 200[V]이다.

4 그림과 같이 자기 인덕턴스가 $L_1 = 8[\text{H}]$, $L_2 = 4[\text{H}]$, 상호 인덕턴스가 $M = 4[\text{H}]$인 코일에 5[A]의 전류를 흘릴 때, 전체 코일에 축적되는 자기에너지[J]는?

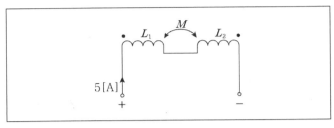

① 10   ② 25
③ 50   ④ 100
⑤ 125

5 정격전압에서 50[W]의 전력을 소비하는 저항에 정격전압의 60%인 전압을 인가할 때 소비전력[W]은?

① 16   ② 18
③ 20   ④ 30
⑤ 32

6 권선수 1,000인 코일과 20[Ω]의 저항이 직렬로 연결된 회로에 10[A]의 전류가 흐를 때, 자속이 3×10^{-2}[Wb]라면 시정수 [sec]는?

① 0.1   ② 0.15
③ 0.3   ④ 0.4
⑤ 0.45

7 $R-L-C$ 직렬회로에서 $R = 20[\text{Ω}]$, $L = 32[\text{H}]$, $C = 0.8$ [μF]일 때, 선택도 Q는?

① 0.00025   ② 1.44
③ 5   ④ 10
⑤ 20

8 $F(s) = \dfrac{2}{s(s+2)}$ 의 역 라플라스 변환(inverse Laplace transform)을 바르게 표현한 식은? [단, $u(t)$는 단위 계단함수 (unit step function)이다.]

① $f(t) = (2 + e^{-2t})u(t)$

② $f(t) = (2 - e^{-2t})u(t)$

③ $f(t) = (1 + e^{-2t})u(t)$

④ $f(t) = (1 - e^{-2t})u(t)$

⑤ $f(t) = (2 - e^{-t})u(t)$

9 다음 그림과 같은 회로에서 a와 b 단자에서의 등가 인덕턴스 [H]는?

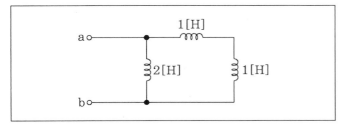

① 0.5
② 1.0
③ 1.5
④ 2.0
⑤ 2.5

10 최대 20[V]를 측정할 수 있는 전압계로 100[V]의 전압을 측정하기 위해서 외부에 접속해야 하는 최소 저항[kΩ]은? (단, 전압계의 내부 저항은 3[kΩ]이다.)

① 8
② 10
③ 12
④ 14
⑤ 16

11 무한히 긴 직선 도선에 628[A]의 전류가 흐르고 있을 때 자장의 세기가 50[A/m]인 점이 도선으로부터 떨어진 거리는?

① 1[m]
② 2[m]
③ 4[m]
④ 5[m]
⑤ 6[m]

12 진공 중 반지름이 a[m]인 원형도체판 2매를 사용하여 극판거리 d[m]인 콘덴서를 만들었다. 이 콘덴서의 극판거리를 3배로 하고 정전용량을 일정하게 하려면 이 도체판의 반지름은 a의 몇 배로 하면 되는가? (단, 도체판 사이의 전계는 모든 영역에서 균일하고 도체판에 수직이라고 가정한다.)

① $\dfrac{1}{3}$ 배
② $\dfrac{1}{\sqrt{3}}$ 배
③ 3 배
④ $\sqrt{3}$ 배
⑤ $2\sqrt{3}$ 배

13 다음 그림과 같이 $\mu_r = 50$인 선형모드로 작용하는 페라이트 자성체의 전체 자기저항은? (단, 단면적 $A = 1[\text{m}^2]$, 단면적 $B = 0.5[\text{m}^2]$, 길이 $a = 10[\text{m}]$, 길이 $b = 2[\text{m}]$이다.)

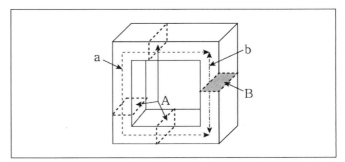

① $\dfrac{7}{25\mu_0}$
② $\dfrac{7}{1,000\mu_0}$
③ $\dfrac{7\mu_0}{25}$
④ $\dfrac{7\mu_0}{1,000}$
⑤ $\dfrac{7\mu_0}{2,500}$

14 60[Hz] 단상 교류발전기가 부하에 공급하는 전압, 전류의 최 댓값이 각각 100[V], 10[A]일 때, 부하의 유효전력이 500[W]이다. 이 발전기의 피상전력[VA]은? (단, 손실은 무시한다)

① 500
② $500\sqrt{2}$
③ 1,000
④ $1,000\sqrt{2}$
⑤ $1,000\sqrt{3}$

15 개방 단자 전압이 12[V]인 자동차 배터리가 있다. 자동차 시 동을 걸 때 배터리가 0.5[Ω]의 부하에 전류를 공급하면서 배터리 단자 전압이 10[V]로 낮아졌다면 배터리의 내부 저항값[Ω]은?

① 0.1
② 0.15
③ 0.2
④ 0.25
⑤ 0.3

16 자성체의 성질에 대한 설명으로 가장 옳지 않은 것은?

① 강자성체의 온도가 높아져서 상자성체와 같은 동작을 하게 되는 온도를 큐리온도라 한다.

② 강자성체에 외부자계가 인가되면 자성체 내부의 자속밀도는 증가한다.

③ 발전기, 모터, 변압기 등에 사용되는 강자성체는 매우 작은 인가자계에도 큰 자화를 가져야 한다.

④ 페라이트는 매우 높은 도전율을 가지므로 고주파수 응용 분야에 널리 사용된다.

⑤ 반자성체는 자기감수율로 음(−)의 값을 가진다.

17 다음 RC회로에서 $R = 50[\text{k}\Omega]$, $C = 1[\mu\text{F}]$일 때, 시상수 τ [sec]는?

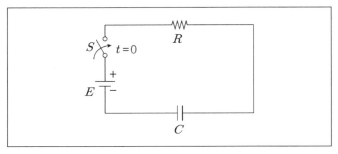

① 2×10^2

② 2×10^{-2}

③ 5×10^2

④ 5×10^{-2}

⑤ 5×10^{-3}

18 액체 유전체를 포함한 콘덴서 용량이 $C[\text{F}]$인 것에 $V[\text{V}]$전압을 가했을 경우에 흐르는 누설전류는 몇 [A]인가? (단, 유전체의 유전율은 $\epsilon[\text{F/m}]$이며, 고유저항은 $\rho[\Omega \cdot \text{m}]$라 한다.)

① $\dfrac{CV}{\rho\epsilon}$

② $\dfrac{\rho\epsilon\, V}{C}$

③ $\dfrac{\rho CV}{\epsilon}$

④ $\dfrac{CV^2}{\rho\epsilon}$

⑤ $\dfrac{\epsilon CV}{\rho}$

19 어떤 직렬 RC 저대역 통과 필터의 차단 주파수가 8[kHz]라고 한다. 이 저대역 통과 필터와 저항 값이 10[Ω]이라면, 이 저대역 통과 필터의 커패시터 용량[μF]으로 가장 가까운 값은? (단, $\pi = 3.14$임)

① 1

② 2

③ 5

④ 20

⑤ 50

20 비투자율 100인 철심을 코어로 하고 단위길이당 권선수가 100회인 이상적인 솔레노이드의 자속밀도가 0.2Wb/m^2일 때, 솔레노이드에 흐르는 전류[A]는?

① $\dfrac{10}{\pi}$

② $\dfrac{20}{\pi}$

③ $\dfrac{30}{\pi}$

④ $\dfrac{40}{\pi}$

⑤ $\dfrac{50}{\pi}$

21 한 상의 임피던스가 $3 + j4[\Omega]$인 평형 3상 △ 부하에 선간전압 200[V]인 3상 대칭전압을 인가할 때, 3상 무효전력[Var]은?

① 600

② 14,400

③ 19,200

④ 30,000

⑤ 36,200

22 단상 교류전압 $v = 300\sqrt{2}\cos\omega t[\text{V}]$를 전파 정류하였을 때, 정류회로 출력 평균전압[V]은? (단, 이상적인 정류 소자를 사용하여 정류회로 내부의 전압강하는 없다.)

① 150

② $\dfrac{300}{2\pi}$

③ $\dfrac{300}{\pi}$

④ $\dfrac{600\sqrt{2}}{\pi}$

⑤ $\dfrac{300\sqrt{2}}{\pi}$

23 철심 코어에 권선수 10인 코일이 있다. 이 코일에 전류 10[A]를 흘릴 때, 철심을 통과하는 자속이 0.001[Wb]이라면 이 코일의 인덕턴스[mH]는?

① 100   ② 10

③ 1   ④ 0.1

⑤ 0.01

24 다음 그림과 같은 회로에서 a, b에 나타나는 전압[V]값은?

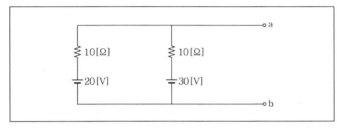

① 15   ② 20

③ 25   ④ 30

⑤ 35

25 현재 부하에 유효전력은 1[MW], 무효전력은 $\sqrt{3}$[MVar], 역률 $\cos 60°$로 전력을 공급하고 있다. 이때, 커패시터를 투입하여 역률을 $\cos 45°$로 개선했을 경우의 유효전력 값[MW]으로 옳은 것은?

① $\sqrt{2}$ ② $\sqrt{3}$

③ 2   ④ $2\sqrt{3}$

⑤ $2\sqrt{2}$

26 다음 그림과 같은 $R-L-C$ 병렬회로에서 a, b 단자에 $v=100\sqrt{2}\sin(\omega t)$[V]인 교류를 가할 때, 전류 I의 실효값[A]은 얼마인가?

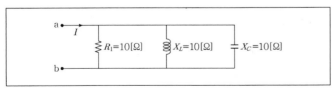

① $\dfrac{100}{\sqrt{3}}$ ② 10

③ $10\sqrt{2}$ ④ $100\sqrt{2}$

⑤ 100

27 $R=90$[Ω], $L=32$[mH], $C=5[\mu\mathrm{F}]$의 직렬회로에 전원전압 $v(t)=750\cos(5{,}000t+30°)$[V]를 인가했을 때 회로의 리액턴스[Ω]는?

① 40   ② 90

③ 120   ④ 160

⑤ 180

28 진공 중에 두 개의 긴 직선도체가 6[cm]의 거리를 두고 평행하게 놓여있다. 각 도체에 10[A], 15[A]의 전류가 같은 방향으로 흐르고 있을 때 단위 길이당 두 도선 사이에 작용하는 힘[N/m]은? (단, 진공 중의 투자율 $\mu_0=4\pi\times 10^{-7}$이다.)

① 5.0×10^{-5} ② 5.0×10^{-4}

③ 3.3×10^{-3} ④ 4.1×10^{2}

⑤ 4.1×10^{-2}

29 그림과 같은 회로에서 60[Hz], 100[V]의 정현파 전압을 인가하였더니 위상이 $60°$ 뒤진 2[A]의 전류가 흘렀다. 임피던스 Z[Ω]는?

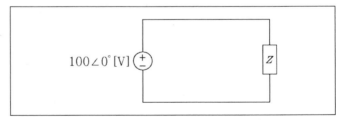

① $25\sqrt{3}-j25$ ② $25\sqrt{3}+j25$

③ $25-j25\sqrt{3}$ ④ $25+j25\sqrt{3}$

⑤ $j25\sqrt{3}-25$

30 일정한 기전력이 가해지고 있는 회로의 저항값을 2배로 하면 소비전력은 몇 배가 되는가?

① $\dfrac{1}{8}$ ② $\dfrac{1}{4}$

③ $\dfrac{1}{2}$ ④ 2

⑤ 4

31 내부저항이 0.1[Ω], 전원전압이 10[V]인 전원이 있다. 부하 R_L에서 소비되는 최대 전력[W]은?

① 100   ② 250

③ 500   ④ 750

⑤ 1,000

32 자속이 반대 방향이 되도록 직렬 접속한 두 코일의 인덕턴스가 각각 5[mH], 20[mH]이다. 이 두 코일에 10[A]의 전류를 흘려주었을 때, 코일에 저장되는 에너지는 몇 [J]인가? (단, 결합계수 $k = 0.25$)

① 1   ② 1.5

③ 2   ④ 3

⑤ 4

33 권수 N회인 코일에 쇄교하는 자속이 0.1[sec] 동안 0.1[Wb]에서 0.5[Wb]로 변하여 전자유도에 의해 40[V]의 유도기전력이 발생하였다. 이 코일에 0.2[sec] 동안 자속의 변화가 0.6[Wb]일 때 발생되는 유도기전력의 크기[V]는?

① 30   ② 50

③ 70   ④ 90

⑤ 100

34 전류에 의한 자기 현상에 대한 설명으로 다음 중 옳은 것을 모두 고르면?

㉠ 직선 도체에 전류가 흐를 때 발생하는 자기장의 방향은 '앙페르(Ampere)의 오른나사 법칙'을 따른다.

㉡ 직선 도체에 전류가 흐를 때 도체 주위에 동심원형의 자기력선이 발생하고, 그 밀도는 도체에 가까울수록 높아진다.

㉢ 무한 길이의 직선 도체에 전류 I[A]가 흐를 때 도체의 중심에서 r[m]만큼 떨어진 지점에서의 자기장의 세기 $H = \dfrac{I}{2\pi r}$[AT/m]이다.

㉣ 단위 길이당 N회의 권수를 갖는 무한 길이 솔레노이드에 전류 I[A]가 흐를 때 이 솔레노이드 외부의 자기장의 세기 $H = NI$[AT/m]이다.

35 N회 감긴 환상코일의 단면적은 S[m²]이고 평균 길이가 l[m]이다. 이 코일의 권수와 단면적을 각각 두 배로 하였을 때 인덕턴스를 일정하게 하려면 길이를 몇 배로 하여야 하는가?

① 8배   ② 4배

③ 2배   ④ 16배

⑤ $\dfrac{1}{2}$배

36 다음 그림은 내부가 빈 동심구 형태의 콘덴서이다. 내구와 외구의 반지름 a, b를 각각 2배 증가시키고 내부를 비유전율 $\epsilon_r = 2$인 유전체로 채웠을 때, 정전용량은 몇 배로 증가하는가?

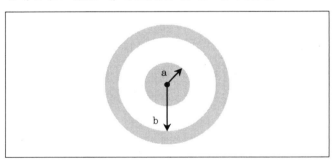

① 1   ② 2

③ 3   ④ 4

⑤ 8

37 전압이 10[V], 내부저항이 1[Ω]인 전지(E)를 두 단자에 n개 직렬 접속하여 R과 $2R$이 병렬 접속된 부하에 연결하였을 때, 전지에 흐르는 전류 I가 2[A]라면 저항 R[Ω]은?

① $3n$ ② $4n$

③ $5n$ ④ $6n$

⑤ $8n$

38 다음 회로의 r_1, r_2에 흐르는 전류비 $I_1 : I_2 = 1 : 2$가 되기 위한 r_1[Ω]과 r_2[Ω]는? (단, 입력전류 $I = 5$[A]이다.)

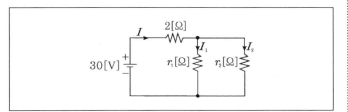

	r_1	r_2
①	3	6
②	6	3
③	6	12
④	12	6
⑤	12	3

39 특이함수(스위칭함수)에 대한 설명으로 옳은 것을 〈보기〉에서 모두 고른 것은?

〈보기〉
㉠ 특이함수는 그 함수가 불연속이거나 그 도함수가 불연속인 함수이다.
㉡ 단위계단함수 $u(t)$는 t가 음수일 때 -1, t가 양수일 때 1의 값을 갖는다.
㉢ 단위임펄스함수 $\delta(t)$는 $t = 0$ 외에는 모두 0이다.
㉣ 단위램프함수 $r(t)$는 t의 값에 상관없이 단위 기울기를 갖는다.

① ㉠㉡
② ㉠㉢
③ ㉡㉢
④ ㉡㉣
⑤ ㉢㉣

40 $R - L - C$ 직렬회로에 공급되는 교류전압의 주파수가 $f = \dfrac{1}{2\pi \sqrt{LC}}$ [Hz]일 때, 〈보기〉의 설명 중 옳은 것을 모두 고른 것은?

〈보기〉
㉠ L 또는 C 양단에 가장 큰 전압이 걸리게 된다.
㉡ 회로의 임피던스는 가장 작은 값을 가지게 된다.
㉢ 회로에 흐르는 전류는 공급전압보다 위상이 뒤진다.
㉣ L에 걸리는 전압과 C에 걸리는 전압의 위상은 서로 같다.

① ㉠㉡
② ㉠㉢
③ ㉡㉢
④ ㉡㉣
⑤ ㉢㉣

인천교통공사

기출동형 모의고사

정답 및 해설

제1회 정답 및 해설

✏️ **직업기초능력평가**

1 ②
② 말하지 않아도 마음이 통하는 관계는 '최고의 관계' 이지만, 비즈니스 현장에서 필요한 것은 정확한 확인 과 그에 따른 업무처리이다.

2 ②
② 미리 준비하는 것도 적극적인 경청을 위한 좋은 방 법이다. 수업시간이나 강연에 참가하여 올바른 경 청을 하려면 강의의 주제나 강의에 등장하는 용어 에 친숙하도록 하기 위해 미리 읽어 두어야 한다.
① 예측하기 : 대화를 하는 동안 시간 간격이 있으면, 다음에 무엇을 말할 것인가를 추측하려고 노력한 다. 이러한 추측은 주의를 집중하여 듣는 데 도움 이 된다.
③ 질문하기 : 질문에 대한 답이 즉각적으로 이루어질 수 없다고 하더라도 질문을 하려고 하면 경청하는 데 적극적이 되고 집중력이 높아진다.
④ 요약하기 : 대화 도중에 주기적으로 대화의 내용을 요약하면 상대방이 전달하려는 메시지를 이해하고, 사상과 정보를 예측하는 데 도움이 된다.
⑤ 나와 관련짓기 : 상대방이 전달하려는 메시지가 무엇 인가를 생각해 보고 자신의 삶, 목적, 경험과 관련 시켜 본다. 자신의 관심이라는 측면에서 메시지를 이해하면 주의를 집중하는 데 도움이 될 것이다.

3 ④
④ 실제(實際)는 어떤 '사실'에 초점을 둔 말로, 쓰거 나 본인이 보거나 듣거나 하는 경험을 통해서 무 엇인가를 직접 하거나 느끼는 것을 말한다. 실재 (實在)는 사실로서 현실에서 존재함의 의미를 지닌 것으로 그 '존재'에 초점이 있다. 따라서 4차 산업 혁명과 관련한 현상이 현실에 존재하는가에 대한 회의적인 시각에 대해 이야기하고 있으므로 '실재' 로 쓰는 것이 적절하다.

① 변화 : 사물의 성질, 모양, 상태 따위가 바뀌어 달 라짐.
② 예측 : 미리 헤아려 짐작함.
③ 도래 : 어떤 시기나 기회가 닥쳐옴.
⑤ 이견 : 서로 다른 의견.

4 ③
③ 자크 → 지퍼

5 ④
④ 어떤 대상이 다른 것과 대조됨을 나타내는 보조사 '는'을 쓰는 것이 적절하다.

6 ②
주어진 글에서 '대체'는 다른 것으로 대신함을 뜻하는 '代替'를 쓰는 것이 적절하다.
※ 대체(大體) : 일이나 내용의 기본적인 큰 줄거리

7 ④
글 첫머리에서 전문적 읽기에 주제 통합적 독서와 과 정에 따른 독서가 있다고 언급하고 두 가지 독서 방 법에 대해 설명하고 있다.

8 ④
④ 마지막 문단 두 번째 문장에서 '적자생존이란 어떤 형태로든 잘 살 수 있는, 적응을 잘하는 존재가 살아 남는다는 것이지 꼭 남을 꺾어야만 한다는 뜻은 아닙 니다.'라고 언급하고 있다.

9 ④

④ 새로운 현실을 받아들이면 비동일성의 고통에서는 벗어날 수 있어도 현실적인 변화를 포기하게 된다. 본질을 잊은 순간부터 구원은 더 이상 의미가 없으므로 구원의 기회를 기다리지 않는다.

10 ⑤

⑤ 글의 마지막에 1960년대 팝아트 예술은 망각의 전략을 구사하여 대중소비를 신성화하고 왜곡된 현실에는 관심을 두지 않는다는 문장에서 알 수 있다.

① 현대 사회에서 인간은 스스로 상품화 되었으면서 현실에서 소외당한 자신을 회복하려는 가혹한 노력을 경주하거나 이를 받아들인다고 말하고 있으므로 현실에 절망한다고 볼 수 없다.

②③ 계층이나 본성에 대한 이야기는 언급되지 않았다.

④ 망각을 통해 현실을 받아들이며 고통에서 벗어날 수는 있지만 구원은 포기하게 된다.

11 ①

㉠ 가로축에는 명칭구분(연, 월, 장소 등), 세로축에는 수량(금액, 매출액 등)을 나타낸다.

㉡ 축의 모양은 L자형이 일반적이다.

12 ②

㈎ 가로와 세로의 수치가 의미하는 내용은 범례를 통해서 표현할 수 있다.

㈏ 그래프나 도표 작성 시, 사용된 모든 수치의 단위를 표기해 주어야 한다.

㈐ 데이터의 수치들에 해당하는 축의 단위 표시가 없는 경우 모든 데이터가 표시될 수 없으므로 축의 단위는 충분하게 설정하여야 한다.

㈑ 그래프의 제목을 붙이는 것은 그래프 작성의 가장 기본적인 사항이다.

13 ②

전항의 일의 자리 숫자를 전항에 더한 결과 값이 후항의 수가 되는 규칙이다.

93 + 3 = 96, 96 + 6 = 102 … 108 + 8 = 116

14 ②

두 지점 사이의 거리를 x 라고 하면

$$\frac{x}{80} + \frac{1}{2} = \frac{x}{60}$$

$3x + 120 = 4x \qquad \therefore \ x = 120\,(km)$

15 ⑤

16%의 소금물의 양을 xg 이라고 하면

$$\frac{10}{100} \times 400 + \frac{16}{100} \times x = \frac{14}{100} \times (x + 400)$$

$4000 + 16x = 14x + 5600$

$2x = 1600$

$x = 800\,(g)$

16 ②

나올 수 있는 모든 경우의 수는

$_4C_2 \times _2C_1 = 12\,(가지)$ 이다.

을이 뽑은 1장의 카드에 적힌 수를 a 라 하고, 갑이 뽑은 2장의 카드에 적힌 수의 곱을 b라 할 때 가능한 경우의 수는 다음과 같다.

• a = 3일 때, b = 2(= 1 × 2) ∴ 1가지

• a = 4일 때, b = 2(= 1 × 2), 3(= 1 × 3) ∴ 2가지

따라서 구하는 확률은 $\dfrac{1 + 2}{_4C_3 \times _2C_1} = \dfrac{3}{12} = \dfrac{1}{4}$ 이다.

17 ②

② 영업수익이 가장 낮은 해는 2013년이고 영업비용이 가장 높은 해는 2017년이다.

① 총수익이 가장 높은 해와 당기순수익이 가장 높은 해는 모두 2015년이다.

③ 총수익 대비 영업수익이 가장 높은 해는 96.5%로 2016년이다. 2016년 기타 수익은 1,936억 원으로 2,000억 원을 넘지 않는다.

④ 기타수익이 가장 낮은 해는 2016년이고 총수익이 가장 낮은 해는 2013년이다.

⑤ 총비용 대비 영업비용의 비중은 2015년(91.7%), 2016년(90.4%), 2017년(90.9%) 모두 90%를 넘는다.

18 ④

④ $1,344,436 \div 1,546,444 \times 100 = 86.9\%$ 로 85% 이상이다.

① 고속국도 이용차량은 $1,546,444 \rightarrow 1,622,955 \rightarrow 1,700,286 \rightarrow 1,750,655 \rightarrow 1,771,960$ 으로 증가했다.

② $(49,250 - 50,845) \div 50,845 \times 100 = -3.14(\%)$ 로 3% 이상 감소했다고 할 수 있다.

③ 중형차와 화물차의 대수를 비교해 보면 2015~2018년 모두 3배 이상이다.

⑤ 중형차의 이용현황이 가장 작은 때는 2018년인데, 이때 승용차와 화물차의 이용현황이 가장 크다.

19 ⑤

ⓒ 기타 국가에 대한 정보는 알 수 없다.

20 ①

$a = 2,896 - 2,403 = 493$
$b = 7,542 - 1,395 = 6,147$
$\dfrac{b}{a} = \dfrac{6,147}{493} = 12.5$

21 ③

분석적 사고는 '성과 지향', '가설 지향', '사실 지향'의 세 가지 경우의 문제에 따라 각기 요구되는 사고의 특징을 달리한다.

① 성과 지향의 문제에 요구되는 사고의 특징이다.

② 사실 지향의 문제에 요구되는 사고의 특징이다.

④ 가설 지향의 문제에 요구되는 사고의 특징이다.

⑤ 전략적 사고의 특징이다.

22 ①

(가), (다), (마) – 발생형 문제

(나) – 탐색형 문제

(라) – 설정형 문제

※ 문제의 유형

　ⓐ **발생형 문제(보이는 문제)**: 우리 눈앞에 발생되어 당장 걱정하고 해결하기 위해 고민하는 문제를 의미한다.

　ⓑ **탐색형 문제(찾는 문제)**: 더 잘해야 하는 문제로 현재의 상황을 개선하거나 효율을 높이기 위한 문제를 의미한다.

　ⓒ **설정형 문제(미래 문제)**: 미래상황에 대응하는 장래의 경영전략의 문제로 앞으로 어떻게 할 것인가 하는 문제를 의미한다.

23 ③

브레인스토밍(Brain Storming)은 미국의 알렉스 오즈번이 고안한 그룹발산기법으로, 창의적인 사고를 위한 발산방법 중 가장 흔히 사용되는 방법이다. 브레인스토밍은 집단의 효과를 살려서 아이디어의 연쇄반응을 일으켜 자유분방한 아이디어를 내고자 하는 기법이다.

24 ②

발상의 전환은 문제해결에 필요한 기본적 사고이다.

25 ④

포유동물 A는 꼬리가 없으므로 육식동물이 아니다. 육지에 살면서 육식을 하지 않는 포유동물은 모두 털이 없다고 했으므로 만약 A가 털이 있다면 A는 물에 사는 포유동물이다. 물에 살면서 육식을 하지 않는 포유동물은 다리가 없으므로 A는 다리가 없다.

26 ③

㉠은 제시된 문장과 반대대당에 있다. 반대대당이란 판단이나 주장의 질은 달리하고 양을 같이하는, 전칭 긍정 판단과 전칭 부정 판단과의 관계를 말한다. 즉, 한쪽이 참일 때 다른 쪽은 거짓이고, 한쪽이 거짓일 때 다른 한쪽은 참과 거짓이 불명하므로 둘 다 같이 참이 될 수 없으나 동시에 거짓이 될 수는 있다. 따라서 ㉠은 참, 거짓을 알 수 없다.

㉡은 제시된 문장과 논리적 동치이므로 제시된 문장이 거짓이면 ㉡도 거짓이다.

27 ②

㉠을 통해 1, 2위 중 하나가 토피넛봉봉임을 알 수 있고 ㉣을 보면 1위는 오로라퍼퓸이므로 2위는 토피넛봉봉이다.

㉡㉢을 통해 마카다미아라떼 > 민트초코퐁당 > 바닐라파우더 순서임을 알 수 있으므로 최종 판매 순위는 오로라퍼퓸 > 토피넛봉봉 > 마카다미아라떼 > 민트초코퐁당 > 바닐라파우더이다.

따라서 3번째로 인기 있는 메뉴는 마카다미아라떼이다.

28 ④

타 대기업의 여행업 등록은 새로운 경쟁자의 등장으로 위협 요인에 해당한다.

29 ②

8~9일, 15~16일 모두 "국"실은 모두 예약이 완료되었다. 워크숍 인원이 15~18명이라고 했으므로 "매"실 또는 "난"실을 추천해주는 것이 좋다. 8~9일에는 "난"실, 15~16일에는 "매"실의 예약이 가능하다.

30 ①

8~9일로 예약하겠다고 했으므로 예약 가능한 방은 "난"실이다. 1월은 성수기이지만 비수기 가격으로 해주기로 했으므로 비수기 주말 가격인 기본 30만 원에 추가 3만 원으로 안내해야 한다.

31 ⑤

⑤ 친환경 하이브리드 자동차는 연료 체계와 전력 계통 기술 발달의 결과이므로, 언급된 4대 핵심기술 융합의 결과로 보기에는 적절하지 않다. 나머지 선택지들에서 언급한 기술은 정보기술과 인지과학이 융합된 사례가 된다. 자동차 산업에는 정보기술과 인지과학의 융합이 주요 분야로 개발되고 있다.

32 ③

OJT(On the Job Training)란 조직 안에서 피교육자인 종업원이 직무에 종사하면서 받게 되는 교육 훈련방법이다. 직장 상사나 선배가 지도·조언을 해주는 형태로 훈련이 행하여지기 때문에, 교육자와 피교육자 사이에 친밀감을 조성하며 시간의 낭비가 적고 조직의 필요에 합치되는 교육훈련을 할 수 있다는 장점이 있다.

㉮ 상급학교 진학을 통한 기술교육
㉯ OJT를 통한 기술교육
㉰ e-learning을 활용한 기술교육
㉱ 전문 연수원을 통한 기술과정 연수
㉲ OJT를 통한 기술교육

33 ②

모방은 말 그대로 단순하게 원형을 따르는 것이다. 반면 벤치마킹은 원형의 기본 개념을 흉내내지만 자신에게 맞게 변형된 개선방법을 채택하는 것이다. 따라서 모방을 하되, 가장 본질적인 장점과 좋은 점을 취득하여 자신의 것으로 소화시켜야 한다는 것이다.

② 주어진 사례는 모방을 통하여 디자인을 베껴 사용하였으나, 자신의 것으로 승화시키지 못한 (벤치마킹으로 승화시키지 못한) 전형적인 사례라고 볼 수 있다.

34 ①

① 여러 상황 속에서 기술의 체계와 도구를 사용하고 배울 수 있다.

35 ④

OJT란 조직 안에서 피교육자인 종업원이 직무에 종사하면서 받게 되는 교육 훈련방법으로 집합교육으로는 기본적·일반적 사항밖에 훈련시킬 수 없어 피교육자인 종업원에게 '업무수행의 중단되는 일이 없이 업무수행에 필요한 지식·기술·능력·태도를 가르치는 것'을 말한다. 다른 말로 직장훈련·직장지도·직무상지도 등이라고도 한다. OJT는 모든 관리자·감독자가 업무수행상의 지휘감독자이자 업무수행 과정에서 부하직원의 능력향상을 책임지는 교육자이어야 한다는 생각을 기반으로 직장 상사나 선배가 지도·조언을 해주는 형태로 훈련이 행하여지기 때문에, 교육자와 피교육자 사이에 친밀감을 조성하며 시간의 낭비가 적고 조직의 필요에 합치되는 교육훈련을 할 수 있다는 장점이 있다.

36 ②

1번과 4번이 수평으로 반전하고 1번과 2번을 시계방향으로 90° 회전한 상태로 변했다. 따라서 ▽, ●스위치를 눌러야 한다.

37 ③

① 기체 표시기가 녹색으로 느리게 깜박일 때가 GPS를 사용한 P 모드 상태이다.

② 기체 표시기가 노란색으로 느리게 깜박일 때는 정상 상태로 GPS 및 비전 시스템을 사용하지 않는 상태이다.

④ 기체 표시기가 빨간색을 유지할 때는 심각한 오류 상태를 경고하는 것이다.

⑤ 기체 표시기가 노란색 및 녹색이 교대로 깜박일 때는 가동 준비를 알리는 정상 상태이다.

38 ③

③ 스포츠 모드에서는 3D 감지 시스템이 비활성화되므로 기체가 경로에 있는 장애물을 자동으로 피할 수 없다

39 ②

② (나)-특허권, (라)-실용신안권, (가)-디자인권, (다)-상표권

40 ⑤

지속가능개발이란 환경보호와 경제적 발전이 반드시 갈등 관계에 있는 것만은 아니라는 취지 아래 경제적 활력, 사회적 평등, 환경의 보존을 동시에 충족시키는 발전을 의미한다. 이를 위해서는 오염 이후에 회복하는 사후 처리방식에서 제조 공정에서부터 미리 친환경 여부를 살피는 사전평가 방식으로 환경에 대한 고려를 한 단계 높이는 방식으로 변화해야 한다.

1 ②

자기장 내에 놓여 있는 도체가 운동을 하면 유도 기전력이 발생하는데, 이때 오른손의 엄지, 검지, 중지를 서로 직각이 되도록 벌려서 엄지를 <u>도체 운동</u>의 방향에, 검지를 <u>자기장</u>의 방향에 일치시키면 중지는 <u>유도 기전력</u>의 방향을 가리키게 된다.

2 ③

전기력선의 전위가 같은 점을 연결하여 만들어진 면, 전계 속에서 발생하는 전기력선에 직각으로 교차하는 곡선 위의 점은 같은 전위이며, 이 곡선으로 만들어진 면은 등전위면이 된다. 전위가 다른 등전위면과는 교차하지 않는다. 전하의 밀도가 큰 것은 전기장의 세기가 강하다.

3 ④

도체에서 전하는 도체 표면에만 존재하므로 도체 내의 공동면에서는 전하가 존재하지 않는다.

4 ①

중첩의 원리를 적용하여 푼다. 전류원 적용 시에는 전압원을 단락시키고, 정압원 적용 시에는 전류원을 개방시킨다.

㉠ 전류원을 적용할 경우 회로도는 다음과 같다.

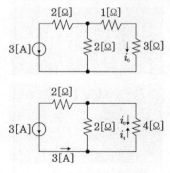

4[Ω]에 흐르는 전류 $i_4 = \dfrac{2}{2+4} \times 3 = 1[A]$

i_0과 i_4는 서로 반대방향이므로 $i_0 = -i_4 = -1[A]$

ⓛ 전압원을 적용할 경우 회도로는 다음과 같다.

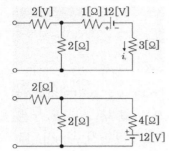

$4[\Omega]$에 흐르는 전류 $i_{12} = \dfrac{12}{6} = 2[A]$

i_0와 i_{12}는 서로 반대방향이므로 $i_0 = -i_{12} = -2[A]$

그러므로, 전체 전류 $i_{all} = -1[A] - 2[A] = -3[A]$

5 ④

도체표면상에서 정전계 세기는 모든 점에서 표면의 법선방향으로 향한다.

등전위면과 전기력선은 항상 수직이다.

6 ②

실효전류의 값은 다음의 식으로 구하면 $I = \sqrt{125}\,[A]$

$$I = \sqrt{직류분^2 + \left(\dfrac{기본파\ 전류}{\sqrt{2}}\right)^2 + \left(\dfrac{고조파\ 전류}{\sqrt{2}}\right)^2}$$

이때 코일에 축적되는 에너지 $W_L = \dfrac{1}{2}LI^2[J]$이므로

$125 = \dfrac{1}{2} \times L \times (\sqrt{125})^2 \rightarrow L = \dfrac{125}{125} \times 2 = 2[H]$

7 ②

무효전력 산정식은 $P_r = I^2 X_L[Var]$

주어진 식에 문제에서 주어진 조건을 대입하면

$P_r = (2I)^2 \cdot j\omega L = 4I^2 \cdot j\omega L = 4\omega LI^2[Var]$

8 ①

2차측의 전력은 $P_2 = V_2 I_2$이므로

$I_2 = \dfrac{P_2}{V_2} = \dfrac{2,200}{220} = 10[A]$

$\dfrac{V_1}{V_2} = \dfrac{I_2}{I_1}$이므로 $\dfrac{V_1}{220} = \dfrac{10}{50}$ 이 된다.

$V_1 = \dfrac{220 \times 10}{50} = 44[V]$이므로 $N_1 : N_2 = 1 : 5$

[참고] 권수비 $n = \dfrac{V_1}{V_2} = \dfrac{N_1}{N_2} = \dfrac{I_2}{I_1} = \sqrt{\dfrac{Z_1}{Z_2}}$

9 ②

(나) Y결선 평형 상회로에서 상전류는 선전류와 동일하다.

(다) Δ결선 평형 상회로에서 상전압은 선간전압과 동일하다.

10 ②

주어진 회로의 저항 R의 양단에 걸리는 전압을 V라고 할 때 기전력 $E[V]$와 같은

$E = V\left(1 + \dfrac{r}{R}\right)$이 된다.

11 ③

왜형률은 고조파만의 실효치를 기본파의 실효치로 나눈 값으로서 기본파를 1로 보고 고조파의 [%]를 적용한다.

기본파의 실횻값이 100[V]라 할 때 기본파의 3[%]인 제3고조파와 4[%]인 제5고조파를 포함하는 전압파의

왜형률은 $\dfrac{\sqrt{3^2 + 4^2}}{100} \times 100 = 5[\%]$가 된다.

12 ③

병렬회로에서 공진은 임피던스가 커지므로 전류가 작아지는 현상이다.

$L - C$회로이므로 임피던스

$$Z = \dfrac{j\omega L - \dfrac{1}{j\omega C}}{j\omega L + \dfrac{1}{j\omega C}} = \dfrac{X^2}{jX_L - jX_C} = \dfrac{X^2}{0} = \infty$$

13 ①

그림에서 전류원을 개방하면 $4[\Omega]$에는 전류가 흐르지 않으므로 a, b단자에서 본 등가저항은 $R = 2 + 2 = 4$ $[\Omega]$이 된다.

전류원에 의하여 회로의 등가전압은 2[A]의 전류원이 2[Ω]에 흘러서 4[V]의 등가전압이 인가된다.

14 ④

평형 3상 Y결선에서 상전압은 $E = \dfrac{V}{\sqrt{3}}$ [V], 선전류와 상전류는 같다.

따라서 선간전압이 100[V]이면 상전압은 $\dfrac{100}{\sqrt{3}}$ [V]

15 ③

평행도선에 작용하는 힘

$$F = \frac{2I_1 I_2}{r} \times 10^{-7} = \frac{2I^2}{0.2} \times 10^{-7} = 3 \times 10^{-6} \,[\text{N/m}]$$

$I = \sqrt{3}$ [A]의 전류가 흐르고 두 도선 간에는 흡인력이 작용한다.

16 ②

회로를 테브난의 등가회로로 바꾸면 전압원은 단락되고, 전류원은 개방시킨다.

따라서 회로는 2[kΩ]과 2[kΩ]의 병렬회로가 되어 등가저항은 $R_{Th} = 1$[kΩ]이 된다.

17 ②

그림을 △(π형)회로로 변환을 하면 다음과 같다.

$$Y_{11} = Y_a + Y_b = \frac{1}{3} + \frac{1}{3} = \frac{2}{3} \,[\Omega^{-1}]$$

18 ①

선 전하 λ[C/m]에서 전계 $E = \dfrac{\lambda}{2\pi\epsilon r}$ [V/m]이고

전위

$$V_{ab} = -\int_b^a E\,dr = \int_a^b \frac{\lambda}{2\pi\epsilon r}\,dr = \frac{\lambda}{2\pi\epsilon}\left[\ln r\right]_a^b$$

$$= \frac{\lambda}{2\pi f}\left[\ln b - \ln a\right]$$

$$= \frac{\lambda}{2\pi\epsilon}\ln\frac{b}{a} \,[\text{V}]$$

정전용량 $C = \dfrac{Q}{V} = \dfrac{\lambda L}{V} = \dfrac{\lambda L}{\dfrac{\lambda}{2\pi\epsilon}\ln\dfrac{b}{a}} = \dfrac{2\pi\epsilon L}{\ln\dfrac{b}{a}}$ [F]

19 ④

Y결선에 선간전압 $1{,}000\sqrt{3}$ [V], 임피턴스

$Z = R + j\omega L = 4 + j300 \times 0.01 = 4 + j3$[Ω]이므로

전력 $P = 3\dfrac{V_p^2 R}{R^2 + X^2} = \dfrac{3 \times 1{,}000^2 \times 4}{4^2 + 3^2} = 480\,[\text{kW}]$

20 ①

병렬공진이므로 어드미턴스가 최소가 되어 전류가 최소가 된다.

공진주파수

$$f = \frac{1}{2\pi\sqrt{LC}} = \frac{1}{2\pi\sqrt{10 \times 10^{-3} \times 100 \times 10^{-6}}}$$

$$= \frac{500}{\pi} \,[\text{Hz}]$$

21 ③

두 전하에 작용하는 힘은 쿨롱의 법칙을 적용한다.

$$F = \frac{Q_1 Q_2}{4\pi\epsilon_0\epsilon_s r^2} = 9 \times 10^9 \times \frac{10 \times 10^{-6} \times (-6) \times 10^{-7}}{3 \times 1^2}$$

$$= -1.8 \times 10^{-2}\,[\text{N}]$$

양전하와 음전하는 당기는 힘이 작용하기 때문에 부호가 (−)가 된다.

22 ②

중첩의 원리

㉠ 전압원만 있는 경우 전류원은 개방 : 12[Ω]에 흐르는 전류 $I = \dfrac{V}{R} = \dfrac{18}{4 + 12 + 2} = 1$[A]

㉡ 전류원만 있는 경우 전압원은 단락 : 12[Ω]에 흐르는 전류 $I = \dfrac{6}{6 + 12} \times 3 = 1$[A]

그러므로 12[Ω]에 흐르는 전류의 합 $I = 2$[A]

전압 $V = IR = 2 \times 12 = 24$[V]

23 ③

이상적인 변압기 $a = \dfrac{V_1}{V_2} = \dfrac{N_1}{N_2} = \dfrac{I_2}{I_1} = \sqrt{\dfrac{R_1}{R_2}} = \dfrac{1}{10}$

에서 $100 = 10I_1 + V_1 = 10I_1 + 0.1V_2$

$= 10I_1 + 0.1(800 + 200)0.1I_1$

$100 = 20I_1$, $I_1 = 5$[A]

따라서 변압기 1차 전압 $V_1 = 50[V]$, 2차 전압
$V_2 = 500[V]$
변압기 2차 전류 $I_2 = 0.5[A]$
200[Ω] 저항의 소비전력은
$P = I_2^2 R_{200} = 0.5^2 \times 200 = 50[W]$

24 ②

비정현파 교류에서 왜형률 … 고조파에 의해서 파형이
일그러진 정도를 나타낸다.

$D = \dfrac{\text{고조파의 실횻값}}{\text{기본파의 실횻값}} \times 100$

$= \dfrac{\sqrt{30^2 + 40^2}}{400} \times 100 = 12.5 \ [\%]$

25 ④

솔레노이드에서 자속

$\phi = \dfrac{\ni}{R} = \dfrac{\ni}{\dfrac{l}{\mu S}} = \dfrac{\mu S N I}{l}$

$= \dfrac{1{,}000\mu_0 \times 20 \times 10^{-4} \times 100 \times 2}{10 \times 10^{-2}} = 4{,}000\mu_0 [Wb]$

전압

$V = 2\pi f N \phi = 2\pi \times 60 \times 100 \times 4{,}000\mu_0 = 48\pi \times 10^6 \mu_0$

26 ④

평형 3상 Y결선의 전원에서 상전압의 크기가 220[V]
일 때, 선간전압의 크기[V]는 $220\sqrt{3}$ [V]가 된다. 평
형 3상 Y결선의 전원에서 선간전압의 크기는 상전압
의 $\sqrt{3}$ 배가 되기 때문이다.

27 ③

전류의 최댓값은 전압의 최댓값을 임피던스로 나눈
값으로부터 구할 수 있다. 전압의 최댓값은 실횻값이
10[V]이고 정현파라는 것으로부터 $10\sqrt{2}$ [V]라는 것
을 알 수 있고 임피던스의 크기는
$|Z| = \sqrt{1^2 + (1{,}000 \times 0.001)^2} = \sqrt{2}$ [Ω]

따라서 전류의 최댓값은 $\dfrac{10\sqrt{2}}{\sqrt{2}} = 10[A]$가 된다.

28 ④

전위는 전기장 내에서 단위전하가 갖는 위치에너지이다.

$V = \dfrac{W}{Q} = \dfrac{100}{2} = 50[V]$

29 ⑤

직류의 경우 정상상태에서는 인덕턴스는 단락시키고
커패시터는 개방시킨다.

정상상태 도달 시 커패시터의 전압은

$\dfrac{15}{20+10} \times 10 = 5[V]$

커패시터의 저장에너지는

$\dfrac{1}{2} C V^2 = \dfrac{1}{2} \times 2 \times 5^2 = 25[J]$

인덕턴스의 전류는 $\dfrac{15}{20+10} = 0.5[A]$

인덕턴스의 저장에너지는

$\dfrac{1}{2} L i^2 = \dfrac{1}{2} \times 8 \times 0.5^2 = 1[J]$

따라서 합은 26[J]이 된다.

30 ②

$v_L = L \dfrac{di(t)}{dt}[V]$이고, $\dfrac{di(t)}{dt} = \dfrac{v_L}{L}$이므로 스위치를
닫은 후 $t = 0$일 때, 인덕턴스 L에 반비례한다.

31 ③

실효전압은 다음의 식으로 산출한다.

$V = \sqrt{(\text{직류분})^2 + \left(\dfrac{\text{기본파 전압}}{\sqrt{2}}\right)^2 + \left(\dfrac{\text{고조파 전압}}{\sqrt{2}}\right)^2}$

$= \sqrt{2^2 + \left(\dfrac{5\sqrt{2}}{\sqrt{2}}\right)^2 + \left(\dfrac{4\sqrt{2}}{\sqrt{2}}\right)^2 + \left(\dfrac{2\sqrt{2}}{\sqrt{2}}\right)^2} = \sqrt{49} = 7$

32 ③

① 전원회로의 부하저항과 내부저항이 같을 때 최대 전력이 공급된다.

② 권선수를 2배로 하면 인덕턴스는 4배가 된다.

④ 커패시터는 병렬로 연결해야 정전용량이 커진다.

⑤ 코일을 통과하는 자기선속의 시간에 따른 변화에 반대되는 방향으로 유도기전력이 발생한다(렌츠의 법칙).

33 ③

R_1과 R_2의 합성저항은 1[Ω]이 된다. 따라서 회로 전체에 흐르는 전류는 2[A]가 된다. 2[A]가 병렬회로에서 분기되므로 R_1과 R_2 각각에는 1[A]의 전류가 흐르게 된다. 전력은 전류의 제곱에 저항을 곱해주면 되므로 1[A]의 제곱에 2[Ω]을 곱한 값이므로 2[W]가 된다.

34 ①

전력량은 동일하다.

㉠ $55 \times 2 \times \dfrac{1}{2} \times 10 = 550$ [WH]

㉡ $55 \times 1 \times 1 \times 10 = 550$ [WH]

따라서 전력량 비는 1 : 1

35 ③

$R-C$회로의 시정수는 $RC = 20 \times 10^3 \times 2 \times 10^{-6}$ $= 4 \times 10^{-2}$ [sec]

36 ③

직렬회로이므로 각 콘덴서에는 같은 양의 전기량이 충전된다.

C_2와 C_3를 합성하면

$$C = \frac{C_2 C_3}{C_2 + C_3} = \frac{120 \times 150}{120 + 150} = 66.67 \, [\mu F]$$

C_1에 걸리는 전압은

$$V_1 = \frac{C}{C_1 + C} V = \frac{66.67}{100 + 66.67} \times 14 = 5.6 \, [V]$$

따라서 C_1에 충전되는 전하량

$$Q_1 = C_1 V_1 = 100 \times 10^{-6} \times 5.6 = 5.6 \times 10^{-4} \, [C]$$

37 ②

회로의 임피던스를 구하면

$$Z = \frac{V}{I} = \frac{1\angle 0°}{2\angle 60°} = 0.5\angle -60°$$

$$= \frac{1}{2}(\cos 60° - j\sin 60°) = \frac{1}{4} - j\frac{\sqrt{3}}{4} \, [\Omega]$$

용량성 리액턴스 $X_C = \dfrac{\sqrt{3}}{4} = \dfrac{1}{\omega C}$ [Ω]이므로

$$C = \frac{4}{\omega \sqrt{3}} \, [F]$$

38 ②

구형파의 파형률$= \dfrac{\text{실횻값}}{\text{평균값}} = \dfrac{\dfrac{I_m}{\sqrt{2}}}{\dfrac{I_m}{2}} = \dfrac{2}{\sqrt{2}} = \sqrt{2}$

39 ①

테브난의 정리로 전압원을 구하면 $V_{ab} = 20$ [V], 등가 저항 $R_c = 6 + \dfrac{5 \times 20}{5 + 20} = 10$ [Ω]

따라서 R_L에 흐르는 전류 $I = \dfrac{20}{10 + 10} = 1$ [A]

40 ④

4단자 정수 $A = D = 1 + \dfrac{j100}{-j50} = 1 - 2 = -1$

그러므로 $AD = 1$

$$C = \frac{1}{-j50} = j\frac{1}{50} = j0.02$$

제 2 회 정답 및 해설

✎ **직업기초능력평가**

1 ③

③ 고객이 큰 소리로 불만을 늘어놓게 되면 다른 고객에게도 영향을 미치게 되므로 별도 공간으로 안내하여 편안하게 이야기를 주고받는 것이 좋으며, 시끄러운 곳에서 응대하는 것은 오히려 고객의 불만을 자극하여 상황을 더 악화시킬 우려가 있다.

①② 불만이 심한 고객은 합리적인 대화가 매우 어려운 상황이 대부분이다. 따라서 민원 담당자의 힘으로 해결될 기미가 보이지 않을 때에는 응대자를 바꾸어 보는 것이 좋은 방법이 된다. 또한, 더 책임 있고 권한을 가진 윗사람을 내세워 다시금 처음부터 들어보고 정중하게 사과하도록 한다면 의외로 불만 고객의 마음을 가라앉힐 수 있다.

④⑤ 차를 대접하여 시간적 여유를 갖게 되면, 감정을 이성적으로 바꿀 수 있는 기회가 되어 시간도 벌고 고객의 불만을 가라앉혀 해결책을 강구할 수 있는 여유도 가질 수 있게 된다.

2 ②

문맥으로 보아 '방조'는 '협조'로 바꿔야 한다. 따라서 정답은 ②이다.

3 ③

③ 영희가 장갑을 이미 낀 상태인지, 장갑을 끼는 동작을 진행 중인지 의미가 확실치 않은 동사의 상적 속성에 의한 중의성의 사례가 된다.

① 수식어에 의한 중의성의 사례로, 길동이가 나이가 많은 것인지, 길동이와 을순이 모두가 나이가 많은 것인지가 확실치 않은 중의성을 포함하고 있다.

② 접속어에 의한 중의성의 사례로, '그 녀석'이 나와 함께 가서 아버지를 만난 건지, 나와 아버지를 각각 만난 건지, 나와 아버지 둘을 같이 만난 건지가 확실치 않은 중의성을 포함하고 있다.

④ 명사구 사이 동사에 의한 중의성의 사례로, 그녀가 친구들을 보고 싶어하는 것인지 친구들이 그녀를 보고 싶어하는 것인지가 확실치 않은 중의성을 포함하고 있다.

⑤ 수식어에 의한 중의성의 사례로, '아끼던'의 수식을 받는 말이 그녀인지 선물인지가 확실치 않은 중의성을 포함하고 있다.

4 ①

공통으로 들어갈 단어의 기본형은 '어긋나다'이다. ㉠에서는 '서로 마음에 간극이 생기다', ㉡은 '오고가는 길이 서로 달라 만나지 못하다', ㉢은 '약속, 기대 따위에 틀리거나 어그러지다'라는 의미로 쓰였다.

5 ⑤

⑤의 '가급적'은 '할 수 있는 대로'의 뜻으로 문맥에 맞지 않기 때문에 '오히려'가 더 적절한 표현이다.

① 불필요한 한자어 표현을 우리말로 고치면 더 쉽고 빨리 이해된다.

② '검은 색 옷을 입는다'와 '흰색 옷'을 비교할 수 없으므로 '흰색 옷을 입는다'와 비교하여야 한다.

③ '그런데'는 문맥의 흐름상 '그리고'로 수정해야 한다.

④ '공기의 순환은'이 주어이고 '돌다'가 서술어인데, 둘 사이의 호응이 자연스럽지 못하므로 주어를 '공기가'로 고쳐야 한다.

6 ④

① 대면(對面) : 서로 얼굴을 마주 보고 대함.
② 간주(看做) : 그러한 것으로 여김 또는 그렇다고 침.
③ 대두(擡頭) : (어떤 현상이) 일어남. 고개를 듦
④ 결합(結合) : 둘 이상(以上)이 서로 관계(關係)를 맺고 합치어 하나가 됨..
⑤ 전개(展開) : 열리어 벌어짐 또는 늘여서 폄.

7 ③

민아는 압박질문이나 예상치 못한 질문에 대해 걱정을 하고 있으므로 침착하게 대응하라고 조언을 해주는 것이 좋다.

8 ④

마지막 문장에서 '일은 ~ 물질적으로는 물론 정신적으로도 풍요한 생활을 위한 도구'라고 언급하고 있다. 따라서 물질적인 것보다 정신적 풍요를 위한 도구라고 볼 수는 없다.

9 ②

② 연금술사들이 의학에 금속을 도입하여 수은을 매독의 치료법으로 사용했지만 대부분의 질병에 수은을 사용했는지는 알 수 없다.

10 ⑤

약초를 이용한 치료법은 당대에 주로 사용되던 치료법이었고 연금술사들은 의학에 금속을 도입하였다.

11 ④

막대그래프는 가장 많이 쓰이는 그래프이며, 영업소별 매출액, 성적별 인원분포 등의 자료를 한눈에 알아볼 수 있게 하기 위한 그래프이다. 주어진 연도별 매출액 추이 변화와 같은 '추이'를 알아보기 위해서는 꺾은선 그래프가 가장 적절하다.

12 ⑤

편차는 변량에서 평균을 뺀 값이므로 편차의 총합은 항상 0이 된다는 사실을 이용하여 계산할 수 있다. 따라서 편차를 모두 더하면 3-1+(   )+2+0-3=0이 되므로 '병'의 편차는 -1임을 알 수 있다.
분산은 편차를 제곱한 값들의 합을 변량의 개수로 나눈 값이므로 (9+1+1+4+0+9)÷6=4가 되어 분산은 4이다. 분산의 양의 제곱근이 표준편차가 되므로 표준편차는 2가 되는 것을 알 수 있다. 따라서 분산과 표준편차를 합한 값은 6이 된다.

13 ②

주어진 수의 각 자리의 수를 모두 곱한 값이 다음 수가 된다.
$8 \times 4 \times 9 = 288$, $2 \times 8 \times 8 = 128$, $1 \times 2 \times 8 = 16$
$\therefore 1 \times 6 = 6$

14 ④

도하 : 일을 끝내는 데 21일, 즉 하루에 1/21만큼의 일을 할 수 있다.
주다 : 일을 끝내는 데 30일, 즉 하루에 1/30만큼의 일을 할 수 있다.
도하와 주다가 합쳐서 x일, 주다 혼자서 y일 동안 일을 했으므로
$(\frac{1}{21} + \frac{1}{30})x$ … 도하와 주다가 힘을 합쳐 일한 양
$\frac{1}{30}y$ … 주다 혼자 일한 양
$(\frac{1}{21} + \frac{1}{30})x + \frac{1}{30}y = 1$
$x + y = 20$
$\therefore x = 7, y = 13$

15 ⑤

맨투맨의 가격을 x라고 하면 목도리의 가격은 $(4-x)$이다. 할인을 적용하여 계산하면
$(1 - 0.2)x + (1 - 0.4)(4 - x) = 3$
$0.8x - 0.6x + 2.4 = 3$
$x = 3$(만 원)

16 ④

문제의 조건에서 생각해 보면, 5장의 카드에서 2장을 뽑는 경우의 수는 $_5P_2 = 20$가지이다.
여기서 45 이상 되는 경우의 수는 45, 51, 52, 53, 54뿐이다.
따라서 총 5가지이므로 확률은 $\frac{5}{20} = 0.25$가 된다.

17 ⑤

㉠ 저축률이 줄고 있는 것은 알 수 있지만, 소득이 줄고 있는지는 알 수 없다.
㉡ 주어진 자료로는 국내총생산 규모가 감소하는지 알 수 없다.

18 ④

④ 1회의 합격자수의 수치가 표와 다르다.

19 ④

의료기기 산업은 2010년 2,162억 원으로 2005년부터 2010년까지 평균 28.0%의 증가율을 보였다.

20 ③

① 위에 제시된 자료상에서는 알 수 없다.
② 의료기기 산업에 대한 설명이다.
④ 2010년 총 연구개발비는 전년 대비 15.7% 증가하였다.
⑤ 식품산업의 연구개발비는 2005년부터 2009년까지 증가세를 보인 후 2010년에는 전년대비 감소하였다.

21 ①

문제에 봉착했을 경우, 차분하고 계획적인 접근이 필요하다. 자칫 우리가 흔히 알고 있는 단순한 정보들에 의존하게 되면 문제를 해결하지 못하거나 오류를 범할 수 있다.

※ 문제 해결을 위해 필요한 4가지 기본적 사고는 다음과 같다.
    ㉠ 전략적 사고를 해야 한다. → 보기 ⑤
    ㉡ 분석적 사고를 해야 한다. → 보기 ②
    ㉢ 발상의 전환을 하라. → 보기 ③
    ㉣ 내·외부 자원을 효과적으로 활용하라. → 보기 ④

22 ②

'so what?' 기법은 "그래서 무엇이지?" 하고 자문자답하는 의미로, 눈앞에 있는 정보로부터 의미를 찾아내어 가치 있는 정보를 이끌어 내는 사고이다. 주어진 상황을 보고 현재의 알 수 있는 것을 진단하는 사고에 그치는 것은 바람직한 'so what?' 기법의 사고라고 할 수 없으며, 무엇인가 의미 있는 메시지를 이끌어 내는 것이 중요하다. ②와 같이 상황을 망라하여 종합적이고 명확한 주장을 펼치는 사고가 'so what?' 기법의 핵심이라 할 수 있다.

23 ②

사고력은 논리적, 비판적, 창의적으로 생각하는 능력이다.

24 ①

문제해결 절차

㉠ 문제 인식 : 해결해야 할 전체 문제를 파악하여 우선순위를 정하고, 선정문제에 대한 목표를 명확히 하는 단계
㉡ 문제 도출 : 선정된 문제를 분석하여 해결해야 할 것이 무엇인지를 명확히 하는 단계
㉢ 원인 분석 : 파악된 핵심문제에 대한 분석을 통해 근본 원인을 도출하는 단계
㉣ 해결안 개발 : 문제로부터 도출된 근본원인을 효과적으로 해결할 수 있는 최적의 해결방안을 수립하는 단계
㉤ 실행 및 평가 : 해결안 개발을 통해 만들어진 실행계획을 실제 상황에 적용하는 활동으로 당초 장애가 되는 문제의 원인들을 해결안을 사용하여 제거하는 단계

25 ③

㉠ 김종국이 진실을 말한 경우 : 부정행위를 한 사람은 이광수가 되고 강개리는 진실을 말한 것이 되어 조건에 어긋난다.
㉡ 이광수가 진실을 말한 경우
  • 부정행위를 한 사람이 김종국일 경우, 강개리는 진실을 말한 것이 되어 조건에 어긋난다.
  • 부정행위를 한 사람이 강개리일 경우, 김종국과 강개리가 모두 거짓말을 하게 되어 문제의 조건이 모두 성립한다.
㉢ 강개리가 진실을 말한 경우
  • 부정행위를 한 사람이 김종국일 경우, 이광수가 진실을 말한 것이 되어 문제의 조건에 어긋난다.
  • 부정행위를 한 사람이 이광수일 경우, 김종국이 진실을 말한 것이 되어 조건에 어긋난다.
∴ 부정행위를 한 지원자는 강개리이다.

26 ④

팀에 들어갈 수 있는 남자 직원 수는 1~4명(첫 번째 조건), 여자 직원 수는 0~2명(두 번째 조건)이 되는데, 4명으로 구성되어야 하는 팀이므로 가능한 조합은 '남자 2명-여자 2명', '남자 3명-여자 1명', '남자 4명-여자 0명'이다. 세 번째 조건과 다섯 번째 조건에 의해 '세현 or 승훈→준원 & 진아→보라'가 되어, '세현'이나 '승훈'이 팀에 들어가게 되면, '준원-진아-보라'도 함께 들어간다. 따라서, 남자 직원 수를 3명 이상 선발하면 세현 혹은 승훈이 포함되게 되어 여자 직원 수가 1명 혹은 0명이 될 수 없으므로 가능한 조합은 '남자 2명-여자 2명'이고, 모든 조건에 적합한 조합은 '세현-준원-진아-보라' 혹은 '승훈-준원-진아-보라'이다.

27 ④

TV의 원가를 x, 에어컨의 원가를 y라 할 때,

$x - y = 20$만 원

$1.05x + 1.1y = 150$만 원

두 식을 연립하여 풀면 $x = 80$, $y = 60$이다.

㉠ 잘못 계산된 정가

TV : 1.05×80만 $= 84$만 원

에어컨 : 1.1×60만 $= 66$만 원 이므로

TV 15대, 에어컨 10대의 가격은

$84 \times 15 + 66 \times 10 = 1,260 + 660 = 1,920$만 원

㉡ 제대로 계산된 정가

TV : 1.1×80만 $= 88$만 원

에어컨 : 1.05×60만 $= 63$만 원 이므로

TV 15대, 에어컨 10대의 가격은

$88 \times 15 + 63 \times 10 = 1,320 + 630 = 1,950$만 원

∴ 30만 원 손해

28 ④

④ 마케팅 인력이 부족한 약점을 극복하고 글로벌 시장 진입의 기회를 살린 W-O전략이라고 할 수 있다.

29 ③

③ 같은 직급끼리 같은 것으로 보아 셋째 자리 번호는 직급 코드로 볼 수 있다.

30 ④

④ 전화를 돌리기 위해서는 플래시 버튼을 누른 후에 내선번호를 눌러야 한다.

31 ③

인간의 욕구와 창의성을 무시한 기술은 오히려 조직의 유효성과 성과를 떨어뜨리는 결과를 초래할 수 있으며, 기술의 진보는 조직과 근로자에게 관심과 몰입을 유도할 때 효과적인 것이다. 따라서 주어진 글의 가장 큰 시사점은 바로 '기술과 사람의 혼합, 조정을 통한 사회기술 시스템의 발전이 유의미하다는 것'이라고 볼 수 있다.

32 ③

(가) 벤치마킹의 4단계 절차는 1단계 계획 단계, 2단계 자료 수집 단계, 3단계 분석 단계, 4단계 개선 단계로 이루어진다.

(나) 계획 단계에서 기업은 반드시 자사의 핵심 성공요인, 핵심 프로세스, 핵심 역량 등을 파악해야 한다. 또한 벤치마킹 되어야 할 프로세스를 문서화하고 특성을 기술하며, 벤치마킹 파트너 선정에 필요한 요구조건도 작성되어야 한다.

33 ②

가장 큰 네트워크의 문제점은 인터넷이 사람들을 연결하고 정보의 유통을 용이하게 함으로써 제시된 바와 같은 역기능이 쉽게 결합되고 증폭되었다는 데 있다. 또한 이러한 역기능은 네트워크의 순기능과도 잘 분리가 되지 않기 때문에 해결책을 더욱 어렵게 만들고 있다.

34 ③

벤치마킹은 비교대상에 따라 내부 벤치마킹, 경쟁적 벤치마킹, 비경쟁적 벤치마킹, 글로벌 벤치마킹으로 나눌 수 있으며, 주어진 사례는 고객을 직접적으로 공유하는 경쟁기업을 대상으로 하지 않았다는 점에서 비경쟁적 벤치마킹이며, 프로세스에 있어 외국의 우수한 성과를 보유한 동일업종의 비경쟁적 기업을 대상으로 하였다는 점에서 글로벌 벤치마킹으로 구분할 수 있다.

35 ①

인간의 개별적인 지능과 창의성, 상호학습을 통해 새로운 지식과 경험은 빠른 속도로 축적되고 학습되지만, 기술개발에 참가한 엔지니어의 지식은 문서화되기 어렵기 때문에 다른 사람들에게 쉽게 전파될 수 없다. 따라서 연구개발에 참가한 연구원과 엔지니어들이 그 기업을 떠나는 경우 기술과 지식의 손실이 크게 발생하여 기술 개발을 지속할 수 없는 경우가 종종 발생하기 때문에 기술 혁신은 지식 집약적인 활동으로 보아야 한다.

36 ①

기술적용 시 고려해야 할 사항으로 잠재적 응용 가능성, 수명주기, 비용, 전략적 중요도 등을 들 수 있다.

37 ③

해당 공고문의 직무상 우대 능력은 기술경영자로서 필요한 능력을 제시하고 있기 때문에 현재 우리기업에서 채용하고자 하는 구직자로서 가장 적절한 유형은 기술경영자라 할 수 있다.

38 ④

〈보기〉의 명령어를 해석하면 각각의 값은 다음과 같은 의미를 가진다.

A숫자 / B숫자→Y축 최곳값 / X축 최곳값
알파벳(숫자, 숫자)→도형의 모양(Y축 값, X축 값)

| C 원 | T 삼각형 | S 별 | Q 사각형 | D 마름모 |

알파벳 기호→X 큰 도형, Y 중간 도형, Z 작은 도형
$ 채우기 有, % 채우기 無, & 빗금 채우기
따라서 제시된 그림과 같은 그래프를 도출하기 위한 명령어는 ④가 된다.

39 ③

지문 마지막 줄에 '보온은 12시간 이내로 하는 것이 좋다'고 되어 있다.

40 ②

거친 수세미나 금속성 수세미로 내솥을 씻을 경우 코팅이 벗겨질 수 있으니 반드시 주방용 중성세제와 스펀지로 씻어야 한다고 되어 있다.

1 ②

유기기전력
$$e = Blv\sin\theta = 1.5 \times 0.5 \times 10 \times \sin 30° = 3.75[V]$$

2 ③

저항 5[Ω]에 공급되는 전력
$$P = I^2 R = \left(\frac{-j5}{5-j5} \times 10\right)^2 \times 5 = \left(\frac{10}{\sqrt{2}}\right)^2 \times 5 = 250[W]$$

3 ②

$W = QV[J]$이므로 $Q = \dfrac{W}{V} = \dfrac{10}{100} = 0.1[C]$

4 ⑤

상호 인덕턴스 M을 구하면 $K = \dfrac{M}{\sqrt{L_1 L_2}} = 0.5$에서

$M = 5[mH]$

$$e_2 = M\frac{di_1}{dt} = 5 \times 10^{-3} \times \frac{10}{0.1} = 0.5[V] = 500[mV]$$

5 ①

전원 임피던스
$$Z = \frac{(2-j6) \times j4}{2-j6+j4} = \frac{24+j8}{2-j2}$$
$$= \frac{(24+j8)(2+j2)}{(2-j2)(2+j2)} = \frac{1}{8}(32+j64) = 4+j8[Ω]$$

그러므로 최대 전력이 전달되기 위한

$$Z_L = 4-j8 = \sqrt{4^2+8^2} = \sqrt{80} = 4\sqrt{5}[Ω]$$

6 ①

중첩의 정리를 적용한다.

㉠ 왼쪽 전류원만 있는 회로 전압원 단락, 오른쪽 전류원 개방 : $I_1 = 0.5[A]$

㉡ 전압원만 있고 전류원 2개 개방 : 전류방향이 그림과 반대이므로 $-0.5[A]$

㉢ 오른쪽 전류원만 있고 전압원 단락, 왼쪽 전류원 개방 : 전류방향이 그림과 반대이므로 $-0.5[A]$

따라서 전류를 모두 중첩하면 합성전류는 $-0.5[A]$

7 ②

이상적인 변압기의 권선비 $a = \dfrac{V_1}{V_2} = \dfrac{N_1}{N_2} = \sqrt{\dfrac{R_1}{R_2}}$

$\dfrac{N_1}{N_2} = \sqrt{\dfrac{R_1}{R_2}} = \sqrt{\dfrac{900}{100}} = \dfrac{3}{1}$

8 ①

건전지 1개의 내부저항을 x 라고 하면,
$4 \times 1.5 = (10 + 4x) \times 0.5$ 이어야 하므로 $x = 0.5\Omega$이 된다.

9 ①

무효전력

$P_r = V \cdot I \cdot \sin\theta = \left(\dfrac{40}{\sqrt{2}}\right)\left(\dfrac{20}{\sqrt{2}}\right)\sin 30° = 200[Var]$

10 ②

R, L, C 직렬공진회로에서 전압확대율

$Q = \dfrac{V_R}{V} = \dfrac{V_L}{V} = \dfrac{V_C}{V} = \dfrac{\omega L}{R} = \dfrac{\dfrac{1}{\omega C}}{R}$

$Q^2 = \dfrac{\omega L}{R} \times \dfrac{1}{\omega CR} = \dfrac{L}{R^2 C}$ 이므로 $Q = \dfrac{1}{R}\sqrt{\dfrac{L}{C}}$

11 ④

히스테리시스 곡선에서 곡선으로 둘러싸인 면적이 클수록 히스테리시스 손실이 커진다.

12 ③

$t = \infty[s]$일 때의 값은 정상상태를 묻는 문제이다. 회로의 전압은 직류 일정 전압이므로 인덕터는 단락회로가 되고, 커패시터는 개방회로로 보면 된다. 인덕터에 흐르는 전류 i_1은 $\dfrac{1[V]}{1[\Omega]} = 1[A]$이고, i_2전류는 커패시터가 개방회로이기 때문에 흐르지 못한다 $(i_2 = 0[A])$.

13 ④

최대전력의 전달조건은 내부저항과 부하저항이 동일한 경우가 되므로

$P_{\max} = I^2 R = \left(\dfrac{V}{R_{내부} + R_{부하}}\right)^2 R_{부하}$

$= \dfrac{V^2}{4R} = \dfrac{20^2}{4 \times 2} = 50[W]$

14 ④

정상상태(과도현상을 지난 안정된 상태)인 경우, 인덕턴스 L은 단락시키고, 커패시터 C는 개방시킨다. 정상상태의 경우 등가회로를 그리면 다음과 같다.

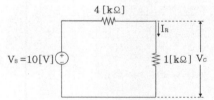

$V_c = \dfrac{1}{4+1} \times 10 = 2[V]$

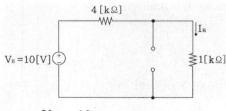

$I_R = \dfrac{V}{R} = \dfrac{10}{4+1} = 2[A]$

15 ⑤

임피던스 $Z = \sqrt{12^2 + 9^2} = \sqrt{225} = 15[\Omega]$

상전류 $I_P = \dfrac{V_P}{Z_P} = \dfrac{300}{15} = 20[A]$

선전류 $I_L = \sqrt{3}\, I_P = \sqrt{3} \times 20 = 20\sqrt{3}\,[A]$

16 ①

$$T = MH\sin\theta = ml\sin\theta$$
$$= 2 \times 10^{-6} \times 10 \times 10^{-2} \times 120 \times \sin30°$$
$$= 1.2 \times 10^{-5} [\text{N} \cdot \text{m}]$$

17 ⑤

$e = E_m \sin(\omega t + 30°)[\text{V}]$이고, $i = I_m \cos(\omega t - 60°)[\text{A}]$
일 때 전압과 전류는 위상이 같다. 즉 동상이다.

$$\therefore \sin\theta = \cos\left(\theta - \frac{\pi}{2}\right)$$

18 ②

결합계수는 1차측의 에너지가 2차측으로 얼마만큼 전
달되는가를 나타내는 수치이다.

$$k = \frac{M}{\sqrt{L_1 L_2}} = \frac{10}{\sqrt{20 \times 80}} = 0.25$$

19 ①

임피던스

$$Z = \frac{v(t)}{i(t)} = \frac{\dfrac{200}{\sqrt{2}} \angle \dfrac{\pi}{3}}{\dfrac{10}{\sqrt{2}} \angle \dfrac{\pi}{6}}$$

$$= 20 \angle \frac{\pi}{6} = 20(\cos30° + j\sin30°)$$

$$= 10\sqrt{3} + j10 [\Omega]$$

따라서 두 소자 $R = 10\sqrt{3}[\Omega]$, $X_L = \omega L = 10[\Omega]$
$\omega = 200$이므로 $L = 0.05[\text{H}]$

20 ②

60[W]의 전구와 500[W]의 전열기의 저항을 구하면

$$R_{60} = \frac{V^2}{P} = \frac{220^2}{60} = 806.7[\Omega]$$

$$R_{500} = \frac{V^2}{P} = \frac{220^2}{500} = 96.8[\Omega]$$

60[W]의 전구보다 30[W]의 전구는 저항이 두 배나
크다.
직렬이기 때문에 전류는 같고 저항비에 따라 전압비
가 달라진다.
30[W] 전구로 바꾸면 전열기의 전압이 낮아진다.
따라서 전열기의 소비전력이 낮아지는 것이다.

21 ⑤

㉠ 자기유도 : 전기 흐름의 변화를 저지하려고 하는 방
향에 발생하는 전류를 말한다.

$e = L\dfrac{di}{dt}[V]$ 시변전류에 의하여 유기기전력이 발
생한다.

㉡ 도체가 운동하여 기전력이 발생하는 발전기의 원
리로 플레밍의 오른손 법칙이다.

㉢ 유도기전력 $e = l[v \times B] = Blv\sin\theta[V]$

㉣ 전자유도에 의하여 만들어지는 전류의 방향은 자
속 변화를 방해하는 방향으로 발생한다.

22 ④

오랜 시간이 경과하면 L은 단락, C는 개방 상태가
된다.
따라서 회로에 인가되는 전압은 1[V], 저항 1[Ω]뿐이
므로 1[A]의 전류가 흐른다.

23 ③

전전류가 1.6[mA], 저항이 모두 병렬이므로 전압은
전압원의 오른쪽에 있는 저항에 흐른 전류로 구한다.

$$V = 1[\text{k}\Omega] \times 0.4[\text{mA}] = 0.4[\text{V}]$$

$$\frac{0.4}{\dfrac{2 \times R_1}{2 + R_1}} = 0.6 \times 10^{-3} \text{에서}$$

$$0.4(2,000 + R_1) = 2,000R_1 \times 0.6 \times 10^{-3}$$

$$800 + 0.4R_1 = 1.2R_1$$

$$R_1 = 1[\text{k}\Omega]$$

24 ④

최종값 정리

$$\lim_{t \to \infty} f(t) = \lim_{s \to 0} sF(s) \text{에서}$$

$$\lim_{t \to \infty} f(t) = \lim_{s \to 0} sF(s) = \lim_{s \to 0} s\frac{2(s+2)}{s(s^2 + 3s + 4)} = 1$$

25 ③

브리지 저항의 대각선 저항의 곱이 같으므로 평형상 태가 되기 때문에 중간에 있는 $12[k\Omega]$에는 전류가 흐르지 않는다.

그러므로 합성저항 $R_c = \dfrac{16 \times 16}{16 + 16} = 8[k\Omega]$

전류 $I = \dfrac{V}{R} = \dfrac{12}{8 \times 10^3} = 1.5 \times 10^{-3} = 1.5[mA]$

26 ②

㉠ $\triangle$ 회로에서 선전류가 상전류보다 $\sqrt{3}$ 배만큼 크므로 틀린 것이다.

㉡ 선간전압의 위상이 앞선다.

㉢ 단상 전력계 2대로 3상 회로의 전력을 구할 수 있다.

2전력계법 $P = \dfrac{P_1 + P_2}{2\sqrt{P_1{}^2 + P_2{}^2 - P_1 P_2}}$

27 ③

유기기전력
$$e = Blv\sin\theta = \mu_0 Hlv\sin\theta$$
$$= 4\pi \times 10^{-7} \times \dfrac{10^4}{\pi} \times 0.5 \times 60 \times \sin 30° = 60[mV]$$

28 ①

전압의 위상이 $45°$ 앞서고, 전류의 위상이 $45°$ 뒤지므로 위상차는 $90°$

전압이 앞서므로 순 유도성회로이다.

따라서 역률은 0이다.

29 ⑤

$N\phi = LI$에서 $N\phi = 0.2 \times 10^{-6} = L \times 0.6[Wb]$

전류가 2.4[A]이면

$N\phi = \dfrac{0.2 \times 10^{-6}}{0.6} \times 2.4 = 0.8 \times 10^{-6}[Wb]$

자속밀도 $B = \dfrac{N\phi}{S} = \dfrac{0.8 \times 10^{-6}}{1 \times 10^{-4}} = 0.008[T]$

30 ③

3상 Y결선이므로

피상전력 $P_a = 3I^2 Z = 3\dfrac{V_p{}^2 Z}{R^2 + X^2}[VA]$

무효전력
$$P_r = 3I^2 X = 3\dfrac{V_p{}^2 X}{R^2 + X^2} = 3 \times \dfrac{100^2 \times 3}{4^2 + 3^2} = 3,600[Var]$$

31 ②

커패시터에 저장되는 에너지 $W = \dfrac{1}{2}CV^2[J]$에서

$V = 6[V]$

32 ①

임피던스 $Z = R + j\omega L = R + j \times 2 \times 10^6$

임력전압 $V = 10\angle 40°$

전류 $I = 2 \times 10^{-3} \angle 10°$

옴의 법칙을 적용하면

$V = ZI,\ Z = \dfrac{V}{I} = \dfrac{10\angle 40°}{2 \times 10^{-3}\angle 10°} = 5\angle 30°$

$= 5,000(\cos 30° + j\sin 30°) = 2,500\sqrt{3} + j2,500$

$2 \times 10^6 L = 2,500$이므로 $L = 1.25\,\text{mH}$,

$R = 2,500\sqrt{3}$ 이 된다.

33 ②

마디전압 해석을 해야 한다. 전원의 아래쪽을 기준전위로 설정하면, 위쪽 마디의 전위는 V_{XY}가 되는데, 위쪽 마디에서 키르히호프의 전류법칙을 적용하면

$$\dfrac{V - 36}{6} + \dfrac{V}{3} + \dfrac{V + 12}{6} = 0,\ \dfrac{V}{6} + \dfrac{V}{3} + \dfrac{V}{6} = 4$$

$$V = \dfrac{24}{4} = 6[V]$$

34 ④

3[kW] = 3,000[W]이며 1[W] = 1[J/s]이다.

1[cal] = 4.2[J]이므로 3[kW]의 전열기를 정격상태에서 2시간 사용하였을 경우 열량[kcal]은 5,184[kcal]이다.

35 ⑤

이상적인 변압기에서는 1차측 소비전력은 2차측 소비전력과 동일하다. (이상적인 변압기는 변압기 손실 중 변압기 소비전역이 없다.) 1차에 인가된 전력이 그대로 2차에 출력되는 전력이 같다. 단지 전압과 전류가 반비례하여 나올 뿐이다.

예로 1,000V-1A가 2차로 인가되면, 2차에서 100V-10A로 출력이 된다. 권선비와는 상관없이 소모되는 손실이 없기 때문에 입력 및 출력의 전력량은 같게 된다.

변압기의 권선비 $n = \dfrac{N_1}{N_2} = \dfrac{V_1}{V_2} = \dfrac{I_2}{I_1} = \sqrt{\dfrac{Z_1}{Z_2}}$ 가 되며 $N_1 : N_2 = 1 : 10$ 이므로 다음이 성립한다.

구분	1차	2차
권선비(N)	1	10
전압(V)	1	10
전류(I)	10	1
임피던스(Z)	1	100
전력(P)	1	1

36 ①

역률 $\cos\theta = \dfrac{R}{|Z|}$

임피던스 $Z = R + jX_L - jX_C [\Omega]$
$= 1 + j2 - j1 = 1 + j1 [\Omega]$

$|Z| = \sqrt{(\text{실수})^2 + (\text{허수})^2} = \sqrt{1^2 + 1^2} = \sqrt{2}$

역률 $\cos\theta = \dfrac{R}{|Z|} = \dfrac{1}{\sqrt{2}}$

37 ①

브리지의 평형시에는 AB 양단에는 전류가 흐르지 않아야 한다.

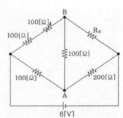

브리지 등가회로 변형

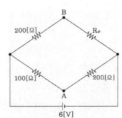

등가회로

브리지의 평형조건에 의해 $200 \times 200 = R_x \times 100$ 이 성립하므로

$R_x = \dfrac{40,000}{100} = 400 [\Omega]$

38 ②

전기장의 세기 $E = \dfrac{1}{4\pi\epsilon_0} \cdot \dfrac{Q}{r^2} [\text{V/m}]$

$= 9 \times 10^9 \times \dfrac{Q}{r^2} [\text{V/m}]$

위의 식에 주어진 조건을 대입하면 $-1.8 [\text{V/m}]$이 산출된다.
전하가 음전하이므로 부호가 (−)가 된다.

39 ①

두 개의 콘덴서를 직렬로 연결하고 이 회로에 100[V]의 전압을 가하면 4[μF]콘덴서에는 60[V], 6[μF]콘덴서에는 40[V]가 걸리게 된다. 콘덴서의 직렬 연결인 경우, 콘덴서에 걸리는 전압의 크기와 정전용량은 서로 반비례 관계를 갖는다.

40 ③

$P = \dfrac{V^2}{R}$ 이며 전열기의 저항값은 고정이고 전력이 2,420[W]이므로

$V = \sqrt{\dfrac{2,420}{2,000}} \times 100 = 110 [\text{V}]$가 된다.

제3회 정답 및 해설

✎ 직업기초능력평가

1 ①

음성에는 온도와 색깔이 있으므로 내용에 따라 음성을 변화시키는 요령을 습득한다. 즉, 단어의 의미를 확산시키고 주의를 집중시키기 위하여 음성을 변화시켜야 한다. 최근의 스피치 연구가들은 일정한 음도를 유지하다가 (높은 목소리보다는) 낮은 목소리로 갑자기 전환함으로써 말하고자 하는 바를 효과적으로 강조할 수 있다고 주장한다.

2 ③

③ '역학조사'는 '감염병 등의 질병이 발생했을 때, 통계적 검정을 통해 질병의 발생 원인과 특성 등을 찾아내는 것'을 일컫는 말로, 한자로는 '疫學調査'로 쓴다.
① '다중'은 '多衆'으로 쓰며, '삼중 구조'의 '중'은 '重'으로 쓴다.
② '출연'과 '연극'의 '연'은 모두 '演'으로 쓴다.
④ '일 따위가 더디게 진행되거나 늦어짐'의 뜻을 가진 '지연'은 '遲延'으로 쓴다.
⑤ '접촉'은 '接觸'으로 쓰며, '재촉'의 어원은 '최촉(催促)'으로 서로 다른 한자를 쓴다.

3 ④

'개최'는 모임이나 회의 따위를 주최하여 엶을 의미한다. 문맥상 품평회는 모임이나 회의 등에 해당하므로 '개최'가 가장 적절하다.
① 접수 : 신청서나 신고 따위를 일정한 형식 요건 아래 받음.
② 토론 : 어떤 문제에 대하여 여러 사람이 각자의 의견을 내세워 그것의 정당함을 논함.
③ 발표 : 일의 결과나 어떠한 사실 등을 세상에 널리 드러내어 알림.
⑤ 폐쇄 : 없어지거나 그 기능이 정지됨.

4 ⑤

①은 '북', ②는 '타입', ③은 '마켓', ④는 '플래시'가 맞는 표기이다.
※ 외래어 표기법 제3항 … 받침에는 'ㄱ, ㄴ, ㄹ, ㅁ, ㅂ, ㅅ, ㅇ'만을 쓴다.

5 ③

'방관(傍觀)'은 어떤 일에 직접 나서서 관여하지 않고 곁에서 보기만 한다는 의미로 '구경만 하고' 등으로 풀이하는 것이 적절하다.

6 ③

ⓒ '그러기에'의 바로 앞 문장인 '문화 전쟁의 무기는 ~ 때문이다.'는 '독서율이 낮으면 문화 전쟁 시대를 이겨낼 수 없는'의 이유가 되며, 뒤에 이어지는 문장 '책을 읽지 않는 국민에게는 미래가 없다.'는 결과가 된다. 이유와 결과를 연결하여 주는 접속어로 '그러나'를 사용하는 것은 적절치 않고, '그러기에'를 그냥 두거나 '그러므로', '따라서' 등으로 고치는 것이 옳다.

7 ④

수취확인 문의전화는 언어적 의사소통에 해당한다.
문서적 의사소통에는 거래처에서 보내온 수취확인서, 박 대리에게 메모한 업무지시, 영문 운송장 작성, 주간업무보고서 작성 등이 해당된다.

8 ④

B전자는 세계 스마트폰 시장 1등이며, 최근 중저가폰의 판매량이 40%로 나타났지만 B전자의 주력으로 판매하는 폰이 저가폰인지는 알 수 없다.

9 ③

세 번째 문단에 따르면 거미는 돌아다닐 때 사냥용 거미줄인 가로줄을 밟지 않으려고 각별히 조심한다. 따라서 ③은 적절하지 않다.

10 ⑤

ⓔ 감지(感知)는 '느끼어 앎'이라는 의미이다.

11 ④

④ 통계는 집단의 현상에 관한 것으로서, 어떤 사람의 재산이나 한라산의 높이 등, 특정 개체에 관한 수적 기술은 아무리 구체적이더라도 통계라고 하지 않는다.

12 ②

'들이'의 환산이 다음과 같이 수정되어야 한다.

수정 전 $1d\ell = 1,000㎤ = 100m\ell$, $1\ell = 100㎤ = 10d\ell$

수정 후 $1d\ell = 100㎤ = 100m\ell$, $1\ell = 1,000㎤ = 10d\ell$

13 ③

나열된 숫자들을 보면 전항에 +5, +6, +11, +12, +17 순으로 규칙이 적용되고 있다. 더해진 숫자들 규칙을 살펴보면 그 차이가 +1, +5, +1, +5를 반복한다. 따라서 빈칸에 들어갈 수는 $54 + 18 = 72$이다.

14 ④

비밀번호의 끝 두 자리를 순서대로 x, y라 하면

| a | b | c | 4 | 2 | x | y |

문제에 따라 연립방정식으로 나타내어 풀면

$$\begin{cases} y = 2x \\ 4 + 2 + x + y = 15 \end{cases} \Rightarrow \begin{cases} y = 2x \\ x + y = 9 \end{cases}$$

$x = 3$, $y = 6$

따라서 구하는 비밀번호는 [abc4236]이다.

15 ②

아버지의 일생을 x라 하면 총 자란 일생을 더하여 x가 되어야 하므로

$$\left(\frac{1}{6} \times x\right) + \left(\frac{1}{12} \times x\right) + \left(\frac{1}{7} \times x\right) + 5 + \left(\frac{1}{2} \times x\right) + 4 = x$$

$$\frac{1}{6}x + \frac{1}{12}x + \frac{1}{7}x + 5 + \frac{1}{2}x + 4 = x$$

$$\frac{14}{84}x + \frac{7}{84}x + \frac{12}{84}x + 5 + \frac{42}{84}x + 4 = x$$

$$\frac{75}{84}x - x = -9$$

$$9x = 756$$

$$\therefore x = 84$$

16 ③

첫 번째 간식이 쿠키일 확률 $= \dfrac{2}{6}$

두 번째 간식이 쿠키일 확률 $= \dfrac{1}{5}$

따라서 2개가 모두 쿠키일 확률 $= \dfrac{2}{6} \times \dfrac{1}{5} = \dfrac{1}{15}$이다.

17 ③

과일 5종류 중 2개를 선택하고 동시에 채소 3종류 중 2개를 선택하는 곱의 사건이므로 각각의 조합을 곱하면 된다. 따라서 $_5C_2 \times _3C_2 = 30$가지이다.

18 ③

③ 높이가 2m 이상인 제빙기는 D와 E로 각각 반달, 사각 형태의 얼음을 생산할 수 있으므로 높이가 2m 이상인 제빙기 중 가루 형태의 얼음을 생산할 수 있는 제빙기는 없다.

① 공랭식 제빙기 중 F가 120kg으로 1일 생산량이 가장 크다.

② 공랭식 제빙기 F는 수랭식 제빙기 C, H보다 1일 생산량이 크다.

④ 바닥면적이 가장 큰 제빙기는 D이다.

⑤ 제빙기 C와 제빙기 F의 경우 1일 생산량이 100kg 이상이지만 저장량은 100kg 이하이다.

19 ①

다음 표에서 채울 수 있는 부분을 완성하면 다음과 같다.

항목\샘플	총질소	암모니아성 질소	질산성 질소	유기성 질소	TKN
A	46.24	14.25	2.88	29.11	43.36
B	37.38	6.46	(5.91)	25.01	(31.47)
C	40.63	15.29	5.01	20.33	35.62
D	54.38	(12.48)	(4.99)	36.91	49.39
E	41.42	13.92	4.04	23.46	37.38
F	(40.33)	( )	5.82	( )	34.51
G	30.73	5.27	3.29	22.17	27.44
H	25.29	12.84	(4.57)	7.88	20.72
I	(41.58)	5.27	1.12	35.19	40.46
J	38.82	7.01	5.76	26.05	33.06
평균	39.68	( )	4.34	( )	35.34

이를 근거로 〈보기〉의 내용을 살펴보면 다음과 같다.

㉠ 샘플 A의 총질소 농도는 샘플 I의 총질소 농도보다 높다. (○)

㉡ 샘플 B의 TKN 농도는 30mg/L 이상이다. (○)

㉢ 샘플 B의 질산성 질소 농도는 샘플 D의 질산성 질소 농도보다 낮다. (×)

㉣ 샘플 F는 암모니아성 질소 농도가 유기성 질소 농도보다 높다. (×)

→주어진 자료로 샘플 F의 암모니아성 질소 농도와 유기성 질소 농도를 비교할 수 없다.

따라서 올바른 설명은 ㉠, ㉡이다.

20 ②

총질소 농도가 평균값보다 낮은 샘플 : B, G, H, J

질산성 질소 농도가 평균값보다 낮은 샘플 : A, E, G, I

따라서 둘 다 평균값보다 낮은 샘플은 G뿐이다.

21 ⑤

문제해결의 5단계 절차는 문제 인식→문제 도출→원인 분석→해결안 개발→실행 및 평가의 과정으로 진행된다.

22 ①

제시된 항목들은 다음과 같은 특징을 갖는다.

• 브레인스토밍(창의적 사고) : 브레인스토밍은 집단의 효과를 살려서 아이디어의 연쇄반응을 일으켜 자유분방한 아이디어를 내고자 하는 것으로, 창의적인 사고를 위한 발산 방법 중 가장 흔히 사용되는 방법이다.

• 결단성(비판적 사고) : 모든 필요한 정보가 획득될 때까지 불필요한 논증, 속단을 피하고 모든 결정을 유보하지만, 증거가 타당할 땐 결론을 맺는다.

• 비교 발상법(창의적 사고) : 비교 발상법은 주제와 본질적으로 닮은 것을 힌트로 하여 새로운 아이디어를 얻는 방법이다.

• 지적 호기심(비판적 사고) : 여러 가지 다양한 질문이나 문제에 대한 해답을 탐색하고 사건의 원인과 설명을 구하기 위하여 질문을 제기한다.

• 생각하는 습관(논리적 사고) : 논리적 사고에 있어서 가장 기본이 되는 것은 왜 그런지에 대해서 늘 생각하는 습관을 들이는 것이다.

• 타인에 대한 이해(논리적 사고) : 반론을 하든 찬성을 하든 논의를 함으로써 이해가 깊어지거나 논점이 명확해질 수 있다.

• 다른 관점에 대한 존중(비판적 사고) : 타인의 관점을 경청하고 들은 것에 대하여 정확하게 반응한다.

23 ②

사업 환경을 구성하고 있는 요소인 자사, 경쟁사, 고객을 3C라고 하며, 3C에 대한 체계적인 분석을 통해서 환경 분석을 수행할 수 있다.

24 ①

문제해결과정 중 가장 먼저 해야 될 일은 해결해야 할 문제를 인식하는 일이다. 그러나 문제를 인식하기 위해서는 현상에 만족하지 않고 전향적인 자세로 개선을 하고자 하는 <u>문제의식</u>과 <u>의욕</u>이 있어야 한다.

25 ④

P(甲이 축구를 한다), Q(乙이 야구를 한다), R(丙이 농구를 한다), S(丁이 배구를 한다)일 때 참인 명제를 보면 P→Q, Q→R, R→S이므로 ∼S→∼R, ∼R→∼Q, ∼Q→∼P역시 참이 된다. 따라서 ∼S→∼P역시 참이 되며 정답은 ④이다.

26 ④

• 산지 A가 선택되지 않으면 ㉡과 ㉣이 모순된다.

• 산지 A가 선택되면 ㉠과 ㉢에 의해 C와 D가 선택된다.

• 산지 B가 선택되지 않으면 ㉣에서 모순이 생기므로 산지 B가 선택된다.

• 산지 E가 선택되는지에 대한 여부는 주어진 정보로 알 수 없다.

∴ 반드시 선택되는 산지는 A, B, C, D 총 4개이다.

27 ②

㉠ 미진의 말이 참이면 태민의 말도 참이므로 미진의 말은 거짓이다.

→세미나는 월요일, 수요일 둘 다 아니다.

㉡ 가영의 말이 참이면 미진과 태민의 말도 참이므로 가영의 말은 거짓이다.

ⓒ 민호의 말이 참이면 수진의 말도 참이고, 수진의
말이 참이면 민호의 말도 참이다. 따라서 민호와
수진의 말은 거짓이다.
→ 세미나는 금요일이 아니다.
∴ 진실을 말하고 있는 사람은 태민이고, 세미나가 열
리는 요일은 화요일이다.

28 ⑤

SWOT 분석은 기업의 내부환경과 외부환경을 분석하여
강점(strength), 약점(weakness), 기회(opportunity),
위협(threat) 요인을 규정하고 이를 토대로 경영전략을
수립하는 기법이며 위협 요인은 기업 외부 환경으로 인
해 비롯된 위협을 뜻한다.
⑤의 경우 기업 외부 환경으로 인해 비롯된 기회 요
인에 들어가야 한다.

29 ③

③ 반환금액 : $21,000 - 1,300 \times 6 - 100 = 13,100$원

30 ②

㉠ 민정 : 1,200(일반버스) + 100(환승운임) + 200(2구
간 추가운임) = 1,500
아들 : 800(일반버스) + 250(환승운임) + 150(2구
간 추가운임) = 1,200
∴ 2,700(총 운임)
㉡ 중학생 1명 : 1,050(동해선 1구간) + 0(환승운임) =
1,050
∴ $1,050 \times 4 = 4,200$(총 운임)

31 ①

① know-how는 특허권을 수반하지 않는 과학자, 엔
지니어 등이 가지고 있는 체화된 기술로 경험적이고
반복적인 행위에 의해 얻어진다. 어떻게 기술이 성립
하고 작용하는가에 관한 원리적 측면에 중심을 둔 개
념은 know-why다.

32 ③

③ 기술개발의 결과물이 상품 개발로 이어져 완성된
물품을 통한 수출이 이루어지까지는 상당한 기간이

지나야하기 때문에 장기간의 시차가 발생하게 된다.
따라서 우리나라의 경우, 기술무역의 적자를 그대로만
보기보다는 상품무역의 흑자와 연계하여 판단하는 것
이 실질적인 기술무역 현황을 파악할 수 있는 방법이
되고 있다.

33 ②

(A) 빅데이터 : 빅데이터는 디지털 환경에서 생성되는
데이터로, 그 규모가 방대하고 생성 주기도 짧으
며 형태도 수치 데이터뿐 아니라 문자와 영상 데
이터를 포함하는 대규모 데이터를 말한다. 빅데이
터의 개념은 방대한 데이터 그 자체에만 머무르는
것이 아니라 데이터를 분석해 새로운 가치를 만드
는 것으로까지 확장되고 있다.
(B) 딥 러닝 : 딥 러닝(deep learning)은 설계자가 주
제에 맞는 관련 데이터만 프로그램으로 설계하고
이에 따른 결과는 기계가 최적값을 도출하게 되므
로, 설계자조차 결과를 예측하기 어렵다. 다양한
데이터를 주입(학습)시켜 자동으로 모델(프로그램,
패턴/규칙, 지식)을 생성하는 알고리즘을 활용하
는 것이 딥 러닝의 원리이다.

34 ⑤

대한물산은 결과적으로 급속도의 매출 신장을 이루어
냈으므로 새로 개발한 거치대를 개발하는 과정에서
이익 창출 잠재력과 시장성 등의 경제적인 가치는 충
분히 고려된 것으로 볼 수 있다. 그러나 특허나 기술
보안 등의 조치를 취하지 않았으며, 외형으로 편리함
을 제공하는 플라스틱 제품이라는 특성을 감안할 때,
경쟁사가 모방하기에 쉬운 기술인지 여부에 대한 보
다 신중한 판단을 했어야 한다고 볼 수 있다. 기업 간
모방에 의하여 기술 선택이 실패로 끝나는 일은 매우
흔한 비즈니스 현상 중 하나이다.

35 ③

③ 스마트 허브는 TV에 내장된 인터넷이라고 볼 수
있으며, 연결 상태 확인 매뉴얼에서 인터넷 연결
상태, 인터넷 통신사(ISP) 및 앱스 서비스 등을 점
검하도록 권장하고 있으므로 인터넷 연결이 필요
한 장치라고 볼 수 있다.

① 사진, 동영상을 보거나 음악을 감상하는 등 다양한 기능을 사용할 수 있다.
② 자동 실행, 연결 상태 확인, 초기화 등 모든 스마트 허브 기능은 메뉴 > 계속 버튼을 눌러 실행한다.
④ '자동으로 스마트 허브 실행하기'를 통하여 TV를 켤 때 자동으로 스마트 허브가 실행되게 할 수 있다.
⑤ 스마트 폰의 음악은 블루투스를 통해 TV에서 실행된다.

36 ③

주어진 발생원인 중 가장 많은 수를 차지한 기본적 원인은 작업 관리상 원인[안전관리 조직의 결함(45), 작업준비 불충분(162)]이다.

※ 산업재해의 기본적 원인
 ㉠ 교육적 원인 : 안전 지식의 불충분, 안전 수칙의 오해, 경험이나 훈련의 불충분, 작업관리자의 작업 방법의 교육 불충분, 유해·위험 작업 교육 불충분 등
 ㉡ 기술적 원인 : 건물·기계 장치의 설계 불량, 구조물의 불안정, 재료의 부적합, 생산 공정의 부적당, 점검·정비·보존의 불량 등
 ㉢ 작업 관리상 원인 : 안전 관리 조직의 결함, 안전 수칙 미제정, 작업 준비 불충분, 인원 배치 및 작업 지시 부적당 등

※ 산업재해의 직접적 원인
 ㉠ 불안전한 행동 : 위험 장소 접근, 안전장치 기능 제거, 보호 장비의 미착용 및 잘못된 사용, 운전 중인 기계의 속도 조작, 기계·기구의 잘못된 사용, 위험물 취급 부주의, 불안전한 상태 방치, 불안전한 자세와 동작, 감독 및 연락 잘못
 ㉡ 불안전한 상태 : 시설물 자체 결함, 전기 기설물의 누전, 구조물의 불안정, 소방기구의 미확보, 안전 보호 장치 결함, 복장·보호구의 결함, 시설물의 배치 및 장소 불량, 작업 환경 결함, 생산 공정의 결함, 경계 표시 설비의 결함 등

37 ⑤

주어진 혁신 활동은 후원자(sponsoring or coaching)의 역할로 후원자는 조직의 주요 의사결정에 대한 영향력을 발휘할 수 있는 사람이어야 한다.

※ 기술혁신의 과정과 역할

역할	혁신 활동	필요한 자질과 능력
아이디어 창안 (idea generation)	• 아이디어를 창출하고 가능성을 검증 • 일을 수행하는 새로운 방법 고안 • 혁신적인 진보를 위한 탐색	• 각 분야의 전문 지식 • 추상화와 개념화 능력 • 새로운 분야의 일을 즐김
챔피언 (championing)	• 아이디어의 전파 • 혁신을 위한 자원 확보 • 아이디어 실현을 위한 헌신	• 정력적이고 위험을 감수함 • 아이디어의 응용에 관심
프로젝트 관리 (project leading)	• 리더십 발휘 • 프로젝트의 기획 및 조직 • 프로젝트의 효과적인 진행 감독	• 의사결정 능력 • 업무 수행 방법에 대한 지식
정보 수문장 (gate keeping)	• 조직외부의 정보를 내부 구성원들에게 전달 • 조직 내 정보원 기능	• 높은 수준의 기술적 역량 • 원만한 대인 관계 능력
후원 (sponsoring or coaching)	• 혁신에 대한 격려와 안내 • 불필요한 제약에서 프로젝트 보호 • 혁신에 대한 자원 획득을 지원	조직의 주요 의사결정에 대한 영향력

38 ①

1번과 4번 기계의 위치를 서로 바꾸고 2번과 3번 기계의 위치를 서로 바꾸었다. 따라서 ○, ● 또는 ●, ○ 스위치를 눌러야 한다.

39 ④

철도운영자는 단시간 조치 및 자체복구가 불가능할 때는 지역사고수습본부를 설치하고 운영하고 초기대응팀, 사고복구반 및 복구장비를 긴급출동하도록 지시하여야 한다.

40 ①

홍보담당관실은 공보지원반으로서 정부의 사태수습상황, 대국민 협조사항 등 대국민 홍보를 한다.

1 ①

수용률 : 총부하 설비용량에 대한 최대수용전력의 비를 백분율로 표시한 값이다.

부등률 : 수용설비 각각의 최대수용전력의 합을 합성최대수용전력으로 나눈 값이다.

2 ⑤

평면전하에서 전계는 $E = \dfrac{\sigma}{\epsilon_0}$ [V/m]로서 거리와는 무관하다.

3 ④

전압의 최댓값 $200\sqrt{2}$ [V], 실횻값 200 [V], 파형률
$= \dfrac{\text{실횻값}}{\text{평균값}} > 1$

전류의 최댓값 10 [A], 파고율
$= \dfrac{\text{최댓값}}{\text{실횻값}} = \dfrac{10}{\dfrac{10}{\sqrt{2}}} = \sqrt{2}$

4 ③

두 개의 코일이 감극성으로 결합되었으므로
합성 인덕턴스
$L = L_1 + L_2 - 2M = 8 + 4 - 2 \times 4 = 4$ [H]

코일에 축적되는 자기에너지
$W = \dfrac{1}{2}LI^2 = \dfrac{1}{2} \times 4 \times 5^2 = 50$ [J]

5 ②

전압을 낮추면 소비전력이 낮아진다.

$P = \dfrac{V^2}{R}$ [W], $R = \dfrac{V^2}{P}$ [Ω]이므로

전압은 60%로 낮추면

$P' = \dfrac{V^2}{R} = \dfrac{(0.6)^2}{\dfrac{V^2}{P}} = 0.6^2 P = 0.6^2 \times 50 = 18$ [W]

6 ②

$R - L$ 직렬회로이므로 시정수는 $\dfrac{L}{R}$ [sec]

L은 $N\phi = LI$로 구한다.

$1{,}000 \times 3 \times 10^{-2} = L \times 10 \rightarrow L = 3$ [H]

그러므로 시정수는 $\dfrac{L}{R} = \dfrac{3}{20} = 0.15$ [sec]

7 ④

$R - L - C$ 직렬회로에서 선택도 $Q = \dfrac{V_L}{V} = \dfrac{V_C}{V}$ 에

서 $Q = \dfrac{\omega L}{R} = \dfrac{1}{\omega CR}$ 이므로

$Q = \dfrac{1}{R}\sqrt{\dfrac{L}{C}} = \dfrac{1}{20}\sqrt{\dfrac{32 \times 10^{-3}}{0.8 \times 10^{-6}}} = 10$

8 ④

$F(s) = \dfrac{2}{s(s+2)} = \dfrac{1}{s} - \dfrac{1}{s+2}$

$= u(t) - u(t)e^{-2t} = (1 - e^{-2t})u(t)$

이항정리로 바로 위와 같이 구할 수 있지만 일반적인 방법으로는

$F(s) = \dfrac{2}{s(s+2)} = \dfrac{A}{s} + \dfrac{B}{s+2} \rightarrow A + Be^{-2t}$ 처럼

전개하고 A, B를 각각 구해서 답을 구할 수 있다.

A는 양변에 s를 곱해서 $A = \dfrac{2}{s+2}$, $s = 0$이면

$A = 1$

B는 양변에 $s+2$를 곱해서 $B = \dfrac{2}{s}$, $s = -2$이면

$B = -1$로 해서 구할 수 있다.

9 ②

등가 인덕턴스 $L_c = \dfrac{(1+1) \times 2}{(1+1) + 2} = 1$ [H]

10 ③

배율기에 관한 문제이다. 저항과 전압은 비례하기 때문에 큰 저항에 큰 전압이 걸린다는 것을 이용해서 지금 정격전압의 5배의 전압을 측정하려면 외부에 얼마나 큰 저항이 있어야 하는가를 묻는 문제이다. 결국 전압계의 저항과 외부저항의 합이 전압의 비와 맞아야 하므로 외부저항 $R = (n-1)r$배의 크기이면 된다.

따라서 $R = (n-1)r = 4r = 4 \times 3 = 12[\text{k}\Omega]$

11 ②

무한장 직선도선에서

$H = \dfrac{I}{2\pi r} = \dfrac{628}{2\pi r} = 50[\text{A/m}]$에서 $r = 2[\text{m}]$

12 ④

평행판 콘덴서 $C = \epsilon \dfrac{S}{d}[\text{F}]$

극판거리를 3배로 하고 C를 일정하게 하려면 면적 S가 3배가 되면 된다.

$S = \pi a^2[\text{m}^2]$이므로 S가 3배가 되려면 반지름은 $\sqrt{3}$ 배가 되어야 한다.

13 ①

자기저항은 단면적이 다른 두 부분으로 되어 있다.

$R = \dfrac{l}{\mu A} = \dfrac{10}{50\mu_0 \times 1} + \dfrac{2}{50\mu_0 \times 0.5}$

$= \dfrac{1}{5\mu_0} + \dfrac{2}{25\mu_0} = \dfrac{7}{25\mu_0}$ $[\text{AT/Wb}]$

14 ①

단상 교류 발전기 $I_m \cdot V_m = 10 \times 100 = 1,000[\text{VA}]$,

$P = 500[\text{W}]$

피상전력

$P_a = VI = \dfrac{V_m}{\sqrt{2}} \times \dfrac{I_m}{\sqrt{2}} = \dfrac{1}{2} \times 1,000 = 500[\text{VA}]$

전력은 실횻값으로만 구한다.

15 ①

개방단자전압 $E = 12[\text{V}]$

$0.5[\Omega]$의 부하에 전류를 공급하면서 단자전압이 $10[\text{V}]$가 되었다면

부하에 흐르는 전류 $I = \dfrac{V}{R} = \dfrac{10}{0.5} = 20[\text{A}]$

내부저항에서의 전압강하는 $2[\text{V}]$

내부저항 $r = \dfrac{2}{20} = 0.1[\Omega]$

16 ④

페라이트(ferrite)는 공업적으로 중요한 연자성 재료이다. 페라이트는 자성이 좋을 뿐 아니라 절연체이므로 비저항이 매우 크기 때문에 맴돌이 전류 손실이 매우 적다. 따라서 고주파용 기기에서는 없어서는 안 되는 중요한 재료이다.

17 ④

$\tau = RC = 50[\text{k}\Omega] \times 1[\mu\text{F}] = 5 \times 10^{-2}[\text{sec}]$

18 ①

유전체의 유전율은 $\epsilon[\text{F/m}]$이며, 고유저항은 $\rho[\Omega \cdot \text{m}]$인 경우 액체 유전체를 포함한 콘덴서 용량이 $C[\text{F}]$인 것에 $V[\text{V}]$ 전압을 가했을 경우에 흐르는 누설전류 산정식은 다음과 같다.

$R = \rho \dfrac{l}{S}[\Omega]$, $C = \epsilon \dfrac{S}{l}[\text{F}]$이므로, $RC = \rho\epsilon$

따라서 $R = \dfrac{\rho\epsilon}{C}$가 되므로 누설전류

$i = \dfrac{V}{R} = \dfrac{V}{\dfrac{\rho\epsilon}{C}} = \dfrac{CV}{\rho\epsilon}[\text{A}]$

19 ②

차단 주파수 식은 다음과 같다.

$f = \dfrac{1}{2\pi RC}$ 이므로 $C = \dfrac{1}{2\pi Rf}$ 이 되고

$C = \dfrac{1}{2 \times 3.14 \times 10 \times 8,000} \times 10^6 ≒ 1.99[\mu\text{F}]$

20 ⑤

자기장의 세기 $H = n_o I [\mathrm{AT/m}]$

자속밀도 $B = \mu H = \mu_0 \mu_s H [\mathrm{W/m}^2]$

비투자율 $\mu_s = 4\pi \times 10^{-7} [\mathrm{H/m}]$

$H = \dfrac{B}{\mu_0 \mu_s}$ 이므로 $n_o I = \dfrac{B}{\mu_0 \mu_s}$ 이고 전류

$I = \dfrac{B}{n_o \mu_0 \mu_s}$ 이므로

전류값 $I = \dfrac{50}{\pi}$ 이 된다.

21 ③

△ 결선은 상전압과 선전압이 동일하며 3상 무효전력의 크기는 $P_r = 3 I_P{}^2 X [\mathrm{Var}]$가 된다.

△ 결선은 상전압과 선전압이 동일하므로

$V_P = V_L = 200 [\mathrm{V}]$이며, 한 상당 임피던스이므로

상전류 $I_P = \dfrac{V_L}{|Z|} = \dfrac{200}{5} = 40 [\mathrm{A}]$

3상 무효전력의 크기는

$P_r = 3 I_P{}^2 X = 3 \times (40)^2 \times 4 = 19,200 [\mathrm{Var}]$

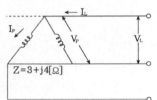

22 ④

출력평균접압은 최대전압값에 $\dfrac{2}{\pi}$를 곱한 값이므로

$V_{avg} = \dfrac{2 V_m}{\pi} = \dfrac{2}{\pi} \times 300 \sqrt{2} = \dfrac{600 \sqrt{2}}{\pi} [\mathrm{V}]$

23 ③

$LI = N\phi$이므로

$L = \dfrac{N\phi}{I} = \dfrac{10 \cdot 0.001}{10} = 0.001 [\mathrm{H}] = 1 [\mathrm{mH}]$

24 ③

밀만의 정리에 따라 계산하면 된다.

$V_{ab} = \dfrac{\dfrac{V_1}{R_1} + \dfrac{V_2}{R_2}}{\dfrac{1}{R_1} + \dfrac{1}{R_2}} = \dfrac{\dfrac{20}{10} + \dfrac{30}{10}}{\dfrac{1}{10} + \dfrac{1}{10}} = 25$

25 ①

유효전력 : $VI\cos\theta = 1 [\mathrm{MW}]$

$\cos 60° = 0.5$이므로 $VI = 2$

$2 \cdot \cos 45°$ 이므로 답은 $\sqrt{2}$ 가 된다.

26 ②

일반적으로 교류에서의 전압과 전류의 계산은 실횻값으로 한다. 다음 회로의 전류값 산정식에 따르면 주어진 회로의 교류전압 정현파의 실횻값은 $100 [\mathrm{V}]$가 산출된다.

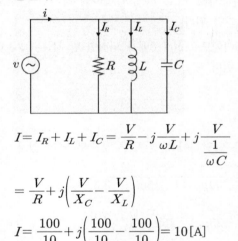

$I = I_R + I_L + I_C = \dfrac{V}{R} - j\dfrac{V}{\omega L} + j\dfrac{V}{\dfrac{1}{\omega C}}$

$= \dfrac{V}{R} + j\left(\dfrac{V}{X_C} - \dfrac{V}{X_L}\right)$

$I = \dfrac{100}{10} + j\left(\dfrac{100}{10} - \dfrac{100}{10}\right) = 10 [\mathrm{A}]$

27 ③

$\omega = 5,000$이므로

$X = X_L - X_C = \omega L - \dfrac{1}{\omega C}$

$= 5,000 \times 32 \times 10^{-3} - \dfrac{1}{5,000 \times 5 \times 10^{-6}}$

$X = 160 - 40 = 120 [\Omega]$

28 ②

두 도선이 평행하고 전류가 같은 방향으로 흐르면 흡인력이 작용한다.

$$F = \frac{2I_1 I_2}{r} \times 10^{-7} = \frac{2 \times 10 \times 15}{0.06} \times 10^{-7}$$
$$= 5 \times 10^{-4} [\text{N/m}]$$

29 ④

임피던스

$$Z = \frac{V}{I} = \frac{100}{2 \angle -60°} = 50 \angle 60°$$
$$= 50(\cos 60° + j\sin 60°) = 25 + j25\sqrt{3} \,[\Omega]$$

30 ③

기전력이 일정할 때 전력 $P = \dfrac{V^2}{R}$ [W]이므로 저항을 2배로 하면 전력은 $\dfrac{1}{2}$배가 된다.

31 ②

최대 전력 $P_{\max} = I^2 R_L = \left(\dfrac{V}{R + R_L}\right)^2 R_L$[W]에서 최대 전력은 손실이 가장 작은 회로이므로

조건은 $R = R_L$

따라서 $P_{\max} = \dfrac{V^2}{4R_L} = \dfrac{10^2}{4 \times 0.1} = 250$ [W]

32 ①

자속의 방향이 반대이므로 감극성의 결합이다.

결합계수 $k = \dfrac{M}{\sqrt{L_1 L_2}} = 0.25$이므로

합성 인덕턴스

$$L = L_1 + L_2 - 2M = L_1 + L_2 - 2k\sqrt{L_1 L_2}$$
$$= 5 + 20 - 2 \times 0.25 \times \sqrt{5 \times 20} = 20 [\text{mH}]$$

코일에 저장되는 에너지

$$W = \frac{1}{2} LI^2 = \frac{1}{2} \times 20 \times 10^{-3} \times 10^2 = 1 [\text{J}]$$

33 ①

유도기전력 $e = N\dfrac{\partial \phi}{\partial t} = N \times \dfrac{0.5 - 0.1}{0.1} = 40$ [V]에서 $N = 10$ [turn]

따라서 $e = N\dfrac{\partial \phi}{\partial t} = 10 \times \dfrac{0.6}{0.2} = 30$ [V]

34 ④

ㄹ 솔레노이드 외부에는 자계가 0이며, 내부는 평등 자계에 가깝다.

35 ①

환상코일에서 인덕턴스 $L = \dfrac{N^2}{R} = \dfrac{\mu S N^2}{l}$ [H]

권수와 단면적을 각각 2배로 하면 8배가 되므로 인덕턴스를 일정하게 하려면 길이를 8배로 하여야 한다.

36 ④

동심구에서의 정전용량 $C = \dfrac{4\pi\epsilon_0 \epsilon_s ab}{b - a}$ [F]에서 내구와 외구의 반지름 a, b를 각각 2배 증가시키면 C는 2배가 되고, 비유전율 $\epsilon_s = 2$[F/m]의 유전체로 채우면 2배가 되므로 전체적으로 4배로 용량이 증가한다.

37 ④

n개 직렬접속하면 전압은 $10n$ [V], 내부저항은 n [Ω]이 된다.

부하는 $\dfrac{R \times 2R}{R + 2R} = \dfrac{2}{3}R$이므로 전류 $I = 2$ [A]이면

$$\frac{10n}{\frac{2}{3}R + n} = 2$$

$5n = \dfrac{2}{3}R + n$에서 $R = 6n$ [Ω]

38 ④

입력전류가 5[A]이면 회로의 전체 합성저항

$$R = \frac{V}{I} = \frac{30}{5} = 6[\Omega]$$

$$\frac{r_1 r_2}{r_1 + r_2} = 4[\Omega]$$

전류비 $I_1 : I_2 = 1 : 2$이면 저항비 $r_1 : r_2 = 2 : 1$
이므로 $r_1 = 2r_2$

$$\frac{r_1 r_2}{r_1 + r_2} = \frac{2r_2 r_2}{2r_2 + r_2} = \frac{2}{3} r_2 = 4[\Omega]$$

$r_2 = 6[\Omega]$, $r_1 = 12[\Omega]$

39 ②

ⓒ 단위계단함수 $u(t)$는 t가 0보다 작을 때 0, t가
  0보다 크면 1인 함수이다.

ⓔ 단위램프함수 $r(t)$는 t가 0보다 작을 때 0, t가
  0보다 크면 t인 함수이다.

40 ①

$R - L - C$ 직렬회로의 공진이므로 허수부는 0이 되
고, 임피던스가 작아서 전류가 크게 흐른다.

L과 C에는 공진전류에 의해서 큰 전압이 걸리고 공
진이므로 전류와 전압의 위상은 같다.

L에 걸린 전압과 C에 걸린 전압의 위상은 180°차
이이다.

ⓒⓔ은 틀린 설명이다.